Worm/Teutsch

Die 4-Wochen-Kur gegen Fettleber – Leberfasten nach Dr. Worm

Dr. Nicolai Worm gehört zu Deutschlands bekanntesten Ernährungswissenschaftlern. Nach seinem Studium der Oecotrophologie ist er seit 1986 selbstständig unter anderem als wissenschaftlicher Berater und Dozent tätig und seit 2009 Professor an der Deutschen Hochschule für Prävention und Gesundheitsmanagement (DHPG) in Saarbrücken. Man kennt ihn unter anderem als Entwickler der LOGI-Methode und des Flexi-Carb-Konzepts. Er hat zahlreiche Bücher und Artikel zu verschiedenen ernährungsmedizinischen Themen verfasst. Seinen Schwerpunkt hat er in den letzten 15 Jahren auf die Aufarbeitung von Lebensstil und Zivilisationskrankheiten gelegt. Dabei hat er frühzeitig erkannt, dass die Entwicklung einer Fettleber im Zentrum der meisten Stoffwechselstörungen liegt. Nach dreijähriger Recherche hat er eine Ernährungstherapie zur Behandlung der nichtalkoholischen Fettleber entwickelt, die alle neuen Erkenntnisse berücksichtigt.

Melanie Teutsch studierte Ernährungswissenschaften (Bachelor of Science) an der Universität Hohenheim und anschließend Prävention und Gesundheitsmanagement (Master of Arts) an der Deutschen Hochschule für Prävention und Gesundheitsmanagement in Saarbrücken (DHfPG). Bereits mit ihrer Masterarbeit hatte sie sich auf die nichtalkoholische Fettlebererkrankung spezialisiert und widmet sich seitdem diesem Thema schwerpunktmäßig – insbesondere im Zusammenhang mit Typ-2-Diabetes. Seit 2013 arbeitet sie als Projektmanagerin bei der Bodymed AG und betreut dabei insbesondere das Konzept Leberfasten nach Dr. Worm®. Ihr erstes gemeinsames Buch mit Herrn Prof. Dr. Worm erschien bereits 2015 im Trias Verlag.

Nicolai Worm
Melanie Teutsch

Die 4-Wochen-Kur gegen Fettleber – Leberfasten nach Dr. Worm

TRIAS

Woche 1:
Alltagsbewegung
▸ Bauen Sie mehr Bewegung in Ihren Alltag ein – ganz nebenbei.
das 4-Wochen-Konzept
Setzen Sie sich jede Woche neue Ziele.
So verändern Sie nachhaltig Ihre Alltagsgewohnheiten.

Infografiken

Liebe Leserinnen, liebe Leser,

Die längste Zeit kümmerten sich nur Leberfachärzte um die nicht alkoholische Fettleber. Inzwischen wird auch immer mehr Allgemeinärzten, Internisten und vor allem Diabetologen bewusst, welch immenses Risiko sie für die Entwicklung von Diabetes, Herz-Kreislauf-Erkrankungen, Nieren- und selbst einigen Krebserkrankungen darstellt. Noch existieren keine zugelassenen Medikamente zur Behandlung! So stellt die Ernährungs- und Lebensstiländerung die einzige mögliche Therapie dar. Dabei wirkt sie schneller und weitaus effektiver als alle medikamentösen Wirkstoffe, die bislang getestet wurden.

2012 habe ich nach jahrelanger Literaturrecherche das »Leberfasten«-Therapiekonzept entworfen. Es wurde in wissenschaftlichen Untersuchungen bestätigt und hat inzwischen Tausenden Patienten geholfen, ihre Fettleber loszuwerden, dauerhaft abzunehmen, Typ-2-Diabetes, Bluthochdruck und Fettstoffwechselstörungen zu lindern oder ganz vergessen zu machen. Im TRIAS-Verlag ist 2015 das passende Begleitbuch »Leberfasten nach Dr. Worm« erschienen. Ich hatte bereits damals meine Kollegin Melanie Teutsch gebeten, ihre Fachkenntnisse und Kochkünste einzubringen. Aufgrund der starken Nachfrage haben wir nun dieses ergänzende Buch verfasst. Ich habe darin nochmals die wichtigsten medizinisch-wissenschaftlichen Hintergründe zusammengefasst und die neuesten Erkenntnisse ergänzt. Melanie Teutsch, die das Leberfasten-Programm nunmehr 5 Jahre als Projektmanagerin betreut, hat wieder ihre riesige Praxiserfahrung eingebracht und präsentiert ein innovatives 4-Wochen-Programm mit köstlichen, absolut alltagstauglichen Rezepten. Zusätzlich steht jede Woche unter einem besonderen Motto mit spannenden Hintergrundinformationen und praktischen Tipps.

München, im Januar 2019
Nicolai Worm

Das sagen andere zum Leberfasten

Begeisterte Leser/Innen des Vorgängers »Leberfasten nach Dr. Worm«

Anna (62 Jahre) Dank Leberfasten haben sich meine Blutwerte deutlich gebessert! Der positive Zusatzgewinn war der Einstieg in eine Gewichtsreduktion und Ernährungsumstellung, bei der ich bis heute ohne zu hungern 16 kg abgenommen und viel an Lebensqualität gewonnen habe! Ich werde auf jeden Fall weitermachen!

Charlotte (58 Jahre) Ich bin gesundheitsbewusst, aber auch Genussmensch, bin kreativ und koche gerne. Als ich auf das Buch »Leberfasten nach Dr. Worm« aufmerksam wurde, war mir das Konzept sofort klar, aber überzeugt, meine Ernährung umzugestalten, haben mich die großartigen Rezepte. Nach 4 Monaten sind 11 kg verschwunden und ich bin zuversichtlich, dass ich mein Gewicht halten werde.

Clara (53 Jahre) 12 kg wollte ich abnehmen. Das hat wunderbar geklappt – in nur knapp vier Monaten! Das hätte ich nie für möglich gehalten. Mir ging und geht es fantastisch. Ich weiß jetzt, wie ich mein Gewicht halten kann. Vor allem die Rezepte und Ernährungstipps haben mir gut gefallen. Ich bin ein Fan von Zucchini-Spaghetti. Und mein Mann auch!

Emma (57 Jahre) Am Frühlingsanfang, das sind jetzt 10 Wochen her, habe ich mit dem Leberfasten begonnen. Ich habe seitdem 12 kg abgenommen und fühle mich jetzt viel wohler und leistungsfähiger, habe mehr Energie. Ich bin angenehm gesättigt mit dem Eiweißshake und mein Cholesterinspiegel ist wieder völlig im Normalbereich. Ich bin sehr dankbar, dass ich das Leberfasten kennenlernen durfte und möchte auch weiterhin meiner Gesundheit wegen meinen allmorgendlichen hochwertigen HEPAFAST®-Shake nicht mehr missen.

Catherine (55 Jahre) Die Diagnose Fettleber und ein Vortrag über die nichtalkoholische Fettleber bewegten mich dazu, das Leberfasten durchzuführen – mit großem Erfolg! Nach nur 6 Wochen sind 7 kg gepurzelt und 15 cm am Bauch verschwunden. Ich möchte noch weitere 5 kg abnehmen und bin sicher, dass das klappt.

Alfred (63 Jahre) Neben der tollen Gewichtsabnahme und weniger Hungerfühl freue ich mich vor allem über das zunehmende Wohlgefühl und die bessere Psyche.

Frieda und Ludwig (45 + 47 Jahre) Wir hatten über die Jahre das richtige und kontrollierte Essen aus den Augen verloren mit dem Ergebnis, dass wir trotz sportlicher Betätigung kontinuierlich zunahmen und uns schleichend schlechter fühlten. Nach nur 14 Tagen und 7 cm weniger Bauchumfang kann mein Mann seine Medikamente reduzieren und ich bin endlich ohne Rückenschmerzen – unsere Lebensqualität hat sich um ein Vielfaches gesteigert.

Johanna (59 Jahre) Trotz nur knapp 1000 Kalorien hatte ich keinen Hunger. Und auch, wenn um mich herum geschlemmt und gesündigt wurde, hatte ich kein Verlangen nach Süßem. Die 8 cm weniger Bauchumfang nach 2 Wochen sind für mich Ansporn weiterzumachen.

Karl (63 Jahre) Ich hatte während der ganzen Zeit nie Hunger – ganz im Gegensatz zu anderen Diäten wie FdH. Auch mein typisches Verlangen und Heißhungergefühl am Vormittag ist verschwunden.

Anne (45 Jahre) Das Buch gibt sehr gute Informationen zum Krankheitsbild und den möglichen Ursachen. Die Rezepte sind sensationell, in sehr kurzer Zeit angerichtet und schmecken wirklich super.

Emily (38 Jahre) Die Rezepte sind sehr einfach nachzukochen und was mich besonders begeistert: Man braucht nur Standardzutaten und keine »Exoten«. Zudem sind die Rezepte wirklich lecker und die Auswahl groß.

Elizabeth (47 Jahre) Ich habe mithilfe dieses Buches meine deutlich erhöhten Leberwerte wieder normalisieren können. Es erläutert sehr verständlich die Entstehung der Fettleber und die Rolle der Ernährung. Die Rezepte sind einfach zuzubereiten und wirklich lecker. Herzlichen Dank an die beiden Autoren für dieses absolut empfehlenswerte Buch.

Ihre Leberkur

Starten Sie jetzt mit einer lebergesunden Lebens- und Ernährungsweise. Ihr Körper wird es Ihnen danken und die nichtalkoholische Fettleber hat keine Chance.

Reine Bauchsache – und was Ihre Leber dazu sagt

Es ist ganz banal: »Man ist, was man isst.« Umso wichtiger, dass Sie mal einen genauen und kritischen Blick auf Ihre Gewohnheiten werfen.

Das kommt Ihnen bestimmt bekannt vor

Nach einer unruhigen Nacht klingelt der Wecker schon wieder viel zu früh. Gegen den knurrenden Magen sorgt ein leckeres Knuspermüsli schnell für Abhilfe. Noch so lange bis zur Mittagspause und das nächste Hungerloch macht sich schon breit. Schnell eine Butterbrezel und noch einen Frucht-Smoothie … mmh, der tut einfach gut und ist ja soooo gesund! Mittags kommt eine ordentliche Portion Pasta dann gerade recht und natürlich darf ein Apfelsaftschorle dazu nicht fehlen. Dann geht's beschwingt in den Nachmittag. Zu dem süßen Vanille-Latte-macchiato passt ein Keks doch einfach zu gut ... na gut, vielleicht auch zwei. Endlich Feierabend ... hach, das duftet aber auch wieder so verführerisch nach frisch Aufgebackenem im Supermarkt – da ist vom Croissant bis zur Kasse ja glatt nur noch die Tüte übrig. Beim gemütlichen, deftigen Abendessen schmecken das Bier und der Wein dann auch noch besonders gut. Puh, war das ein Tag! Jetzt aber nur noch ab auf die Couch und vor den Fernseher. Zum Glück haben Sie sich noch die Familienpackung Chips im Supermarkt mitgenommen – man gönnt sich ja auch sonst nichts ...

Wenn Sie Tage, wie den eben beschriebenen, kennen, sollten Sie ganz aufmerksam die folgenden Abschnitte lesen. Denn all die lieb gewonnenen und alltäglichen Leckereien führen nicht nur zu Pölsterchen, sondern sie haben viel gravierendere gesundheitliche Auswirkungen: Sie können Ihrer Leber schwer zu schaffen machen – bis hin zu einer nichtalkoholischen Fettlebererkrankung.

Bewegungslos in die Kohlenhydratfalle

Wenn die Falle erst einmal zuschnappt, ist Gefahr in Verzug: Bewegungsmangel und der unkontrollierte Genuss von schnell verwertbaren Kohlenhydraten – wie Brötchen, Pasta und Co. – lässt uns nicht mehr richtig satt werden und baut stetig Fettdepots auf. Denn Kohlenhydrate besitzen leider eine schlechte Sättigungswirkung – schnell kündigt sich das nächste Hungergefühl an. Das Ergebnis ist die sogenannte Snacking-Falle – mit blockierter Fettverbrennung und stetig wachsenden Fettspeichern.

Denn Kohlenhydrate als Versteckspielmeister haben es faustdick hinter den Ohren. Sie sind sprichwörtlich in aller Munde und es gibt sie an jeder Ecke. Sie verstecken sich in süßen Leckereien wie Keksen oder Croissants und auch in Nudeln, Brot, Reis und Co., aber auch in Getränken wie Saftschorlen, Gemüse und Obst: Kohlenhydrate.

Zusammen mit Bewegung sind sie super, denn sie liefern Ihnen viel und ganz schnell verfügbare Energie. Doch wenn Sie eher zu den unsportlichen Couchpotatoes gehören, die gerne Kartoffelchips essen, sieht das schnell anders aus.

Kohlenhydrate sind das Codewort für Zucker

Alle Kohlenhydrate, die Ihr Körper verwerten kann, bestehen aus drei Einfachzuckern: Glukose (Traubenzucker), Fruktose (Fruchtzucker) und Galaktose (Schleimzucker). Der Zucker, den Sie in Ihren Espresso streuen, ist ein Zweifachzucker aus Glukose und Fruktose – ganz gleich, ob weiß oder braun. Und egal ob Knuspermüsli, Brezel, Pasta oder Keks – am Ende haben alle eines gemeinsam: Die Stärke und der Zweifachzucker werden im Darm zu den Einfachzuckern abgebaut. Denn nur diese können aus dem Darm ins Blut aufgenommen werden. Doch hier ist die Reise noch nicht zu Ende.

So entsteht die Fettleber:

Leber funktioniert

In einer gesunden Leber wird die aufgenommene Nahrung sortiert, gespeichert und weiterverarbeitet. Das Organ fungiert als Stoffwechselzentrale des Körpers.

Zuckerspeicher

Aus dem Zuckerspeicher (80–100 g) versorgt die Leber u. a. unser Gehirn in den Stunden zwischen den Mahlzeiten sowie nachts.

Nach dem Essen produziert die Bauchspeicheldrüse Insulin – das Stopp-Signal für die Zucker-Abgabe der Leber ins Blut.

Körperliche Inaktivität und gleichzeitig viele raffinierte Kohlenhydrate überfordern die Körperregulation und fördern Fettablagerungen in der Leber. Vor allem reichlich Fruchtzucker, wie in Säften und Softdrinks, ist problematisch.

Leber funktioniert nicht mehr

Eine verfettete Leber kann die Stoffwechselkontrolle nicht mehr wahrnehmen. Insbesondere Kohlenhydrate werden verstärkt in Fett umgewandelt und eingelagert.

Insulinresistenz

Nach dem Essen produziert die Bauchspeicheldrüse Insulin – jedoch ist die verfettete Leber taub für das Stopp-Signal. Die Fettleber gibt zusätzlich zu den Kohlenhydraten aus der Nahrung unkontrolliert Zucker ins Blut ab.

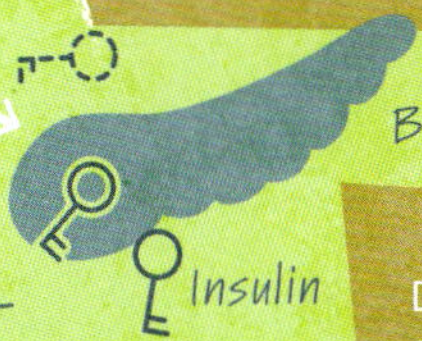

Die Bauchspeicheldrüse muss aufgrund der Insulinresistenz der Leber noch mehr Insulin produzieren. Kommt sie nicht mehr hinterher, droht ein Typ-2-Diabetes.

verirrtes Fett

... auch »ektopes Fett« genannt, verteilt sich im Körper auf die anderen Organe, weil die »kranken« Fettzellen das Fett nicht mehr adäquat speichern.

- Bluthochdruck
- Herzrhythmusstörungen
- Herzinsuffizienz

- (Nüchtern)Blutzucker erhöht
- Blutfette erhöht

- Thrombose-Gefahr

- Nierenerkrankungen

70–90 % der Typ-2-Diabetiker haben eine Fettleber

70 % der Übergewichtigen haben eine Fettleber

NAFLD

(Non-Alcoholic Fatty Liver Disease) Nichtalkoholische Fettlebererkrankung betrifft in Deutschland 42 % aller Erwachsenen (2017).

Insulin – der Türöffner zu allen Zellen

Dieses körpereigene Hormon der Bauchspeicheldrüse kommt stets zum Einsatz, wenn der Blutzuckerkonzentration ansteigt. Insulin öffnet die Zellen, damit diese den Zucker aus dem Blut aufnehmen. Dort wird Zucker zur Energiegewinnung verwendet – außerdem zerstört zu viel Zucker im Blut langfristig insbesondere die kleinen Blutgefäße.

Zur Veranschaulichung: Für einen normalen durchschnittlichen Blutzucker befinden sich umgerechnet nur zwei Würfelzucker in Ihrer Blutbahn.

Insulinresistenz – wenn die Zellen taub werden

Was aber nun, wenn die Zellen keinen Zucker mehr aufnehmen können, weil wir die vorab gespeicherte Energie nicht mit tatkräftigen (arbeitenden) Muskeln verbraucht haben? Wohin mit Müsli, Saftschorle und Co., wenn die Zellen stets prall gefüllt sind und für das Insulinsignal »taub« werden? Dann erhöht der Körper erst einmal die Insulinausschüttung – getreu dem Motto: Viel (Insulin) hilft viel. Bei erhöhter Insulinkonzentration funktioniert das System zunächst auch wieder, die Insulinresistenz wird durchbrochen – aber nur für eine gewisse Zeit. Die Ruhe vor dem Sturm ...

Wenn wir im Insulin schwimmen

Wenn wir aber unseren bequemen, kohlenhydratreichen Lebensstil beibehalten, ist nach ein paar Jahren die drei- bis fünffache Menge Insulin notwendig, um die Insulinresistenz der Zellen zu durchbrechen und den Zucker aus dem Blut zu schaffen. Noch ein paar Jahre später muss die Bauchspeicheldrüse vielleicht schon das Zehnfache leisten.

Ein Teufelskreis! Denn auch die nach dem Essen über Stunden viel zu hohen Insulinkonzentrationen im Blut haben leider sehr unerwünschte Nebenwirkungen: So werden in der Leber Gene aktiviert, die dafür sorgen, dass ein großer Teil der Kohlenhydrate aus der Nahrung nun in der Leber höchst effizient in Fett umgebaut und als solches eingelagert wird – und das auch ohne einen Kalorienüberschuss. So landen Müsli, süßer Latte macchiato und Keks in den Fettdepots auf den Hüften und auch auf dem Waschbrettbauch liegt schnell »ganz schön viel Wäsche« ...

Wenn das Fettgewebe kränkelt

Das Unterhautfettgewebe ist der optimale Ort zur Fettspeicherung. Es kann sehr viel überschüssige Energie in Form von »Speck« speichern – und sich dabei schier unendlich erweitern. Man findet es überall unter der Haut als dünnere oder eben auch dickere Schicht – beim

Mann vor allem am Oberkörper, beim weiblichen Geschlecht vor allem an den verhassten »Problemzonen«: Hüften, Po und Oberschenkel. Aber, und das ist eine ganz neue Erkenntnis der Wissenschaft: Das Unterhautfettgewebe kann auch krank werden. Denn damit es sich gesund ausdehnen kann, muss es gut über Blutgefäße und Nervenbahnen versorgt werden. Gelingt das irgendwann nicht mehr, geraten die Fettzellen in Sauerstoffnot und argen Stress und rufen mit Entzündungsstoffen um Hilfe. Und das mit wahrlich »schwerwiegenden« Folgen: Verliert das entzündete Fettgewebe seine Speicherfähigkeit, müssen andere Gewebe als Fettspeicher herhalten. Der größte alternative »Reservetank« ist unsere Bauchhöhle: Sie kann 4 bis 6 Liter Fett aufnehmen – und durch Ausdehnung nach vorne sogar noch viel mehr.

Jeder Mensch scheint eine individuelle »Verfettungsgrenze« zu besitzen. Manche Menschen können große Fettdepots anlegen, ohne lange Zeit krank zu werden – andere zeigen schon bei kaum merklichem Fettansatz Stoffwechselentgleisungen. Des Rätsels Lösung liegt in der Leber, denn heute weiß man, auch schlanke Menschen sind nicht vor einer Fettleber gefeit. In der Fachsprache bezeichnet man sie als »TOFI« – thin outside, fat inside.

Ein praller Bauch steht für eine Fettleber

Ein vergrößerter Bauchumfang ist das auffälligste Anzeichen für die inneren Fetteinlagerungen und somit auch für zu viel Fett in der Leber.

Fruchtzucker – der Wolf im Schafspelz

Lange Zeit wurde speziell Diabetikern Fruchtzucker statt Haushaltszucker empfohlen. Der Grund: Fruchtzucker lässt den Blutzuckerspiegel kaum ansteigen. Denn der Körper ist wählerisch und möchte nur Traubenzucker als Energiequelle. So muss Fruchtzucker immer erst von der Leber in Traubenzucker umgewandelt werden.

Doch kommt zu viel Fruchtzucker auf einmal an – wie bei Smoothies, gesüßten Getränken oder Saftschorlen – ist die Leber schnell überfordert. Als Lösung wandelt sie den vielen Fruchtzucker einfach in Fett um und riskiert dabei, selbst schnell zu verfetten. Und nebenbei entsteht auch noch bedenklich viel Harnsäure. Also Hände weg von Smoothies, Saftschorlen und Co. – essen Sie Obst, trinken Sie es nicht!

Wenn Ihre Taille eine Apfelform bekommt, ist das ein Hinweis, dass in der Bauchhöhle kein Platz mehr war und die weitere Fettspeicherung nur durch eine Ausdehnung der Bauchwand nach vorne möglich wurde. Bei Frauen gilt ein Bauchumfang ab 88 cm als hoher Risikofaktor, bei Männern ab 102 cm – insbesondere, wenn der Bauch sehr fest wirkt.

Die Leber ist unsere Stoffwechselzentrale

Unser größtes inneres Organ versteckt sich hinter unserem rechten Rippenbogen und managt im Verborgenen alles nur Erdenkliche für unser Wohlergehen: Die Leber entscheidet über »gut« oder »böse« – denn alles, was wir essen und trinken, landet zunächst bei ihr – produziert lebenswichtige Hormone und Eiweiße und versorgt uns in Notsituationen. Kurzum: Sie ist Kontrollzentrum, Entgiftungsfabrik, Recyclinghof und Kraftwerk in einem.

Zu viel Fett wird der Leber zum Verhängnis

In alten Anleitungen zur Produktion von Gänsefettleber heißt es »die Gänse werden genudelt« – wie passend! Bei den Vögeln ist es Zwangsernährung – beim modernen Menschen geschieht das freiwillig und das Ergebnis heißt im Fachjargon: nichtalkoholische Fettlebererkrankung (Non-Alcoholic Fatty Liver Disease, NAFLD). Eine NAFLD diagnostiziert man, wenn durchschnittlich von Frauen täglich nicht mehr als 20 g Alkohol bzw. von Männern nicht mehr als 30 g konsumiert werden und Medikamente, Umweltgifte oder andere Ursachen ausgeschlossen werden können.

NAFLD – die neue Volkskrankheit

Eine Untersuchung aus Nordostdeutschland (Mecklenburg-Vorpommern) dokumentierte Ende 2017 das erschreckende Ausmaß: Bereits 42 Prozent – fast die Hälfte aller Erwachsenen – sind betroffen! Bei den Übergewichtigen haben 7 von 10 eine Fettleber und in der Gruppe der Typ-2-Diabetiker sind zwischen 70 und 90 Prozent betroffen. Besonders bedenklich: Eine Untersuchung an bayerischen Kindern im Alter von 9 bis 12 Jahren zeigte, dass knapp jeder dritte übergewichtige Schüler bereits eine Fettleber aufweist! Und ähnlich katastrophale Zahlen findet man inzwischen weltweit in allen Industrieländern.

Die Leber leidet still und heimlich

Das Heimtückische: Eine Fettleber tut nicht weh und auch die Leberwerte geben – entgegen weit verbreiteter Meinung – keine Auskunft über eine Leberverfettung. So wird sie oft erst bemerkt, wenn »das Kind schon lange im Brunnen liegt« und sich bereits Folge- und

Begleiterscheinungen zeigen, denn: Eine verfettete Leber kann ihren wichtigen Aufgaben der Stoffwechselkontrolle nicht mehr entsprechend nachkommen und versucht irgendwann auch, das Zuviel an Fett anderweitig loszuwerden.

So strömt immer mehr Fett aus der Leber ins Blut und verteilt sich auf die anderen Gewebe und Organe. Dieses »verirrte« Fett nennt man ektopes Fett. Seine Folgen sind zahlreich: erhöhte Nüchternblutzuckerwerte, erhöhter Blutdruck, erhöhte Blutfett- bzw. schlechte Cholesterinwerte, aber auch Blutgerinnungsstörungen, die die Thrombose-Gefahr deutlich erhöhen. Außerdem löst die Fettleber Herzrhythmusstörungen aus und stört die Pumpfunktion des Herzens, was auch als Herzinsuffizienz bezeichnet wird.

Heute Fettleber – morgen Diabetes

Die Leber verfügt über einen Zuckerspeicher von 80–100 g. Damit versorgt sie vor allem unser Gehirn in den Stunden zwischen den Mahlzeiten und in erster Linie in der Nacht. Mit dem Frühstück gelangt wieder Glukose in unsere Blutbahn – jetzt sollte die Leber umgehend mit der Glukoseabgabe stoppen. Die Krux: Eine fette Leber wird auch insulinresistent und taub für Insulin, das Stoppsignal. Und damit nicht genug! So erwachen wir oft auch schon mit erhöhten Nüchtern-Blutzuckerspiegeln, weil die fette Leber während der ganzen Nacht viel mehr Zucker abgegeben hat, als unser Gehirn verwerten kann. Doch auch nach einer Mahlzeit gibt die »taube« Leber ungerührt weiter Zucker ans Blut ab. Die Bauchspeicheldrüse kämpft auf Hochtouren mit immer mehr Insulin gegen die nunmehr extrem hohen Blutzuckerkonzentrationen an ... bis sie eines Tages erschöpft und uns »urplötzlich« die Diagnose Typ-2-Diabetes ereilt. Vor diesem Hintergrund ist es also keine Überraschung, dass bis zu 90 Prozent der Typ-2-Diabetiker eine Fettleber aufweisen.

Fettleber-Index für den ersten Lebercheck

Einen ersten Anhaltspunkt, ob Ihre Leber zu viel Fett eingelagert hat, erhalten Sie ganz einfach mittels des Fettleber-Index (FLI). Liegt dieser über 60, liegt mit hoher Wahrscheinlichkeit eine Leberverfettung vor. Ihren FLI können Sie ganz einfach hier berechnen: www.leberfasten.com/fli-rechner.

Bedauerlicherweise haben sich die Erkenntnisse zu diesen Zusammenhängen noch nicht genügend bei Diabetologen, Nephrologen und Kardiologen herumgesprochen. Sollten Sie unter einer diesen Störungen (Diabetes, Nierenbeschwerden, Herz-Kreislauf-Erkrankungen) leiden, sollten Sie auf alle Fälle Ihren Arzt bitten, Ihre Leber zu untersuchen, um gegebenenfalls die Therapie an dieser Stelle zu starten.

Die leberfreundliche Ernährung:

die Basis

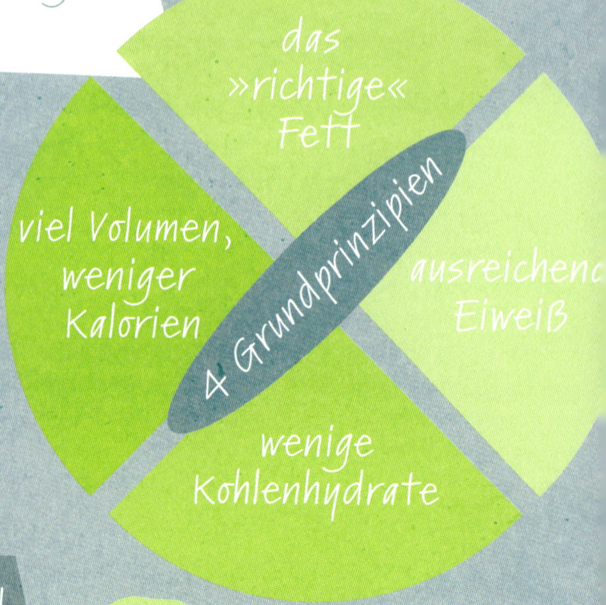

wasserreiche Lebensmittel

Für ein gutes Sättigungsgefühl sorgen:

- Gemüse
- Salate
- Pilze
- Beeren
- zuckerarme Früchte

Low-Carb

Zucker und Stärke werden bei einer Fettleber verstärkt in Fett umgewandelt und als solches gespeichert. Daher: Reduktion der Kohlenhydrate.

- besonders effektiv: ketogene Diät

das Multitalent Eiweiß

Ein Mehrkonsum von Eiweiß fördert den Fettabbau in der Leber und schützt vor Muskelabbau.

- Eier
- Milchprodukte
- Fisch
- Fleisch
- Hülsenfrüchte

das »richtige« Fett

Gesundes Fett anstelle von Kohlenhydraten unterstützt die Entfettung der Leber.

- Olivenöl
- Omega-3-Fettsäuren aus fettem Kaltwasserfisch (z. B. Lachs, Thunfisch, Hering, Makrele)

leberaktive Nährstoffe

Lösliche Ballaststoffe

sorgen für eine bessere Sättigung, ein gutes Darmmilieu und schützen vor Leberentzündungen

- Beta-Glukan – aus Hafer
- Inulin – aus Gemüse (z. B. Zwiebeln, Lauch,Knoblauch, Chicorée, Spargel, Löwenzahn, Schwarzwurzel)

L-Carnitin

verbessert die Fettverbrennung, macht Zellen wieder insulinsensitiver und mindert die Entzündungsneigung

- Fleisch und Fisch
- Toplieferant: rotes Fleisch (z. B. Rind, Lamm)

Cholin

unterstützt den Transport von Cholesterin und Fetten aus der Leber

- Eier
- Innereien
- Fisch und Fleisch

Taurin

wirkt antioxitativ, unterstützt die Leber und das Immunsystem

- Fleisch
- Toplieferanten: Fisch und Meeresfrüchte

Vitamin E

schützt die Leber vor Entzündungen und unterstützt eine bereits entzündete Leber beim Fettabbau

- Pflanzenöle (z. B. Olivenöl)
- Nüsse
- Mandeln

Noch mehr spannende Fakten und Hintergründe zu diesem Thema finden Sie in unserem ersten gemeinsamen Buch: »Leberfasten nach Dr. Worm«, Stuttgart, TRIAS, 2018 (2. Auflage).

So verliert die Leber ihr Zuviel an Fett

Die Fettleber ist ein enormes Gesundheitsrisiko! Sie zu entfetten ist dringend angezeigt. Doch was viele nicht wissen: Es gibt bis heute kein Medikament gegen Fettleber!

Die momentan einzig erfolgreiche Therapie ist eine Änderung des Lebensstils. Die bei Weitem effektivste Maßnahme ist dabei die Ernährungsumstellung – mit deutlichem Abstand gefolgt von intensivem Sport. Eine Kombination von beidem ist aber natürlich das Allerbeste. Weitere Lebensstilfaktoren wie erholsamer Schlaf, wenig negativer Stress, ausreichend Sonnenlicht und nicht zu rauchen fördern die Entfettung der Leber zusätzlich. Dazu werden Sie in den kommenden Wochenkapiteln noch mehr erfahren.

Die Fettspeicher anzapfen

»Sie müssen erst mal 10 oder mehr Kilos abnehmen« – Vermutlich haben Sie diese oder ähnliche Aussagen auch schon mal gehört, vielleicht auch von Ihrem Arzt. Diese Aussage ist sicher alles andere als motivierend – denn wer kennt sie nicht, die Abspeckproblematik? Nennenswert abzunehmen, also 10 oder 20 kg, ist eine schwierige Aufgabe und viele sind bereits einmal oder mehrfach daran gescheitert. Die gute Nachricht an dieser Stelle: Man muss nicht maximal »abspecken«, um die Leber zu entfetten und seinen Stoffwechsel zu normalisieren. Oft genügen schon 5 kg – sofern man es richtig angeht!

Die Leber clever auf Diät setzen

Eine negative Energiebilanz, also weniger zu essen als wir verbrauchen, ist die Grundvoraussetzung beim Abnehmen. Am einfachsten und erfolgreichsten gelingt das den meisten mithilfe einer Formula-Diät im Rahmen eines Mahlzeit-Ersatzkonzepts. Mehr dazu erfahren Sie in dem Abschnitt »Mit HEPAFAST® geht es einfacher und schneller« (Seite 52). Andererseits und für viele sicherlich erstaunlich: Es gibt auch Ernährungsumstellungen, die bereits ohne Reduktion der Energieaufnahme und sogar ohne Gewichtsabnahme die Leber entfetten – allein durch eine geeignete Zusammensetzung.

Für den schnellsten und größtmöglichen Erfolg ist daher auch nicht nur entscheidend, dass wir wenig Kalorien aufnehmen, sondern auch, wie die Nahrung zusammengestellt ist. Im unserem Leberfasten-Konzept haben wir daher alle effektiven, wissenschaftlich belegten Ansätze miteinander kombiniert.

Die vier Grundprinzipien des »Leberfastens«:

- wenige Kalorien,
- wenige Kohlenhydrate,
- genügend Eiweiß und
- das »richtige« Fett

Auf wasserreiche Lebensmittel setzen

Das wichtigste Element einer erfolgreichen, kalorienarmen Kost ist es, dennoch satt und zufrieden zu sein – ansonsten schwächelt das Durchhaltevermögen schnell. Die Basis sind daher wasserreiche Nahrungsmittel zum Sattessen. In der Nahrung gebundenes Wasser bringt Volumen und Gewicht in den Magen und mit dieser Magendehnung wird ganz ohne Kalorien ein wichtiges Sättigungssignal für das Gehirn ausgelöst. Die wasserreichsten Nahrungsmittel sind Gemüse, Salate, Pilze und Beeren, gefolgt von zuckerarmen Früchten.

Natürlich Low Carb

Menschen mit einer Fettleber weisen typischerweise eine Insulinresistenz auf, also eine Kohlenhydratverwertungsstörung: Zucker, vor allem Fruchtzucker, aber auch Stärke werden besonders schlecht verarbeitet und verstärkt in Fett umgewandelt. Somit ist eine Reduktion der Kohlenhydrate sehr entscheidend für den schnellen Erfolg. Am effektivsten und schnellsten ist dabei die krasseste Form der Reduktion – die ketogene Diät (Seite 25).

Das Multitalent Eiweiß

In vielen wissenschaftlichen Untersuchungen wurde belegt, dass allein ein Mehrkonsum von Eiweiß, selbst ohne Kalorienreduktion, zum Fettabbau in der Leber führt – bei tierischem mehr als bei pflanzlichem Eiweiß. Besonders effektiv ist das Molkeneiweiß. Außerdem ist Eiweiß der beste Sattmacher unter den Nährstoffen. Und ein hoher Eiweißanteil sorgt dafür, dass trotz Diät die Muskeln nicht abgebaut werden. Das ist wichtig, um den Energieverbrauch auch in Ruhe (Grundumsatz) hoch zu erhalten und einem Jo-Jo-Effekt vorzubeugen – der große Nachteil vieler FdH- oder Null-Diäten.

Mehr und das richtige Fett

Es mag auf den ersten Blick kontraproduktiv erscheinen, aber ein Mehrkonsum von Fett – im kalorischen Austausch gegen Kohlenhydrate – unterstützt die Entfettung der Leber. Dies gilt besonders für natives Olivenöl und langkettige Omega-3-Fettsäuren (aus Fisch- oder Algenöl). Im Olivenöl hat sich neben der Ölsäure und den enthaltenen Vitaminen, Mineralien und sekundären Pflanzenstoffen das Hydroxytyrosol als wichtig erwiesen. Es schützt Zellen und Gefäße und trägt so dazu bei, Thrombose und Arteriosklerose vorzubeugen. Sie können Olivenöl problemlos bis auf 220 Grad erhitzen, es also zum Braten verwenden. Ab 180 Grad werden jedoch viele wertvolle Inhaltsstoffe zerstört. Verwenden Sie dann raffiniertes Olivenöl.

Langkettige Omega-3-Fettsäuren haben unsagbar viele positive Effekte. Für uns besonders interessant: Sie hemmen Gene bzw. Enzyme, die aus Kohlenhydraten neues Fett aufbauen, und aktivieren jene zur verstärkten Verbrennung von Fett in der Leber. Drittens mindern sie die Entzündungsneigung der Fettzellen und beugen damit vor, dass Fett »überläuft« und in andere dafür nicht vorgesehenen Fettdepots wandert. Die besten Quellen sind fette Kaltwasserfische, allen voran Lachs, Thunfisch, Hering, Makrele und Sardinen oder Sardellen.

Pflanzliche Omega-3-Quellen, wie Leinsamen, Walnüsse und Rapsöl können in der Regel nur schlecht und am ehesten dann vom Körper verwertet werden, wenn die Zufuhr von pflanzlichen Omega-6-Fettsäuren (die Gegenspieler der Omega-3-Fettsäuren) sehr niedrig ist. Verzichten Sie daher am besten auf Sonnenblumen-, Distel-, Maiskeim-, Weizenkeim- und Sojaöl. Setzen Sie stattdessen Olivenöl als Basisöl ein.

Leberaktive Nährstoffe

Folgende Stoffe tragen entweder direkt dazu bei, die Leber zu entfetten oder sie greifen in das gestörte Stoffwechselsystem derart günstig ein, dass sie auf Umwegen dazu beitragen, die Leber wieder »leichter« und funktionsfähiger zu machen.

Lösliche Ballaststoffe – die Tausendsassas für Ihre Gesundheit

Als besonders wichtig haben sich Beta-Glukan (aus dem Hafer) und Inulin (aus Gemüse wie Zwiebeln, Chicorée und Co.) herauskristallisiert. Sie quellen im Magen auf, vergrößern unser Speisevolumen und sorgen dafür, dass der Speisebrei länger im Magen verbleibt. Das bedeutet: eine bessere Sättigung – ganz ohne ein Mehr an Kalorien. Und damit nicht genug: Da diese Ballaststoffe im Dünndarm von unseren Verdauungssäften nicht gespalten werden, gelangen sie in tiefere Darmabschnitte und dienen dort unseren Darmbakterien als willkommenes Futter. Einige Bakterienstämme bilden aus diesen Ballaststoffen kurzkettige Fettsäuren und schaffen damit ein Darmmilieu, das ungünstige, krankheitserregende Bakterien verdrängt und umgekehrt die Ansiedlung guter und erwünschter Bakterienstämme fördert. Solch ein gesundes Darmmilieu verhindert auch Entzündungen in der Leber. Weiterhin wird ein Teil der kurzkettigen Fettsäuren vom Darm über das Blut ins Zentralnervensystem geschleust und löst dort eine verstärkte Sättigung und länger anhaltende Sattheit aus.

L-Carnitin verbessert die Fettverbrennung

L-Carnitin ist ein vitaminähnlicher, natürlich vorkommender Nährstoff, der vom Körper aus Eiweißbestandteilen (den Aminosäuren Lysin und Methionin) selbst hergestellt werden kann. Allerdingt lässt diese Fähigkeit mit dem Alter nach – die körpereigene Herstellung ist daher oft nicht ausreichend. Der Körper benötigt Carnitin, um Fettsäuren in der Zelle zu den Kraftwerken, den Mitochondrien, zu transportieren. Ohne Carnitin gibt es daher keine Fettverbrennung. Studien zeigen, dass eine zusätzliche Gabe von Carnitin die Fettlebertherapie verbessern kann. Es hilft, die Fettverbrennung in der Leber anzukurbeln, und macht die Zellen wieder insulinsensitiver und mindert die Entzündungsneigung. Mit der Nahrung nehmen wir Carnitin vor allem über verschiedene Fleisch- und Fischarten auf (»Carne«).

Cholin – das Gelbe vom Ei

Cholin ist eine lebenswichtige Substanz, die der Körper in beschränkter Menge selbst herstellen kann – deshalb gilt sie bei uns nicht als »essenzieller« Nährstoff. Da die Eigenversorgung aber offenbar nicht sicher ausreicht, hat man Cholin in den USA bereits als »essenziell« erklärt. Bei cholinarmer Nahrung entwickelt sich schnell eine Fettleber. Umgekehrt kurbelt ein Mehr an Cholin die Produktion von Transporteiweißen an, die Cholesterin und überschüssiges Fett aus der Leber schleusen. Die besten Quellen sind Eier und Innereien, aber auch Fisch und Fleisch reihen sich in die Liste der Cholinlieferanten ein.

Taurin verleiht der Leber »Flügel«

Taurin wird von Tieren und Menschen aus den Aminosäuren Methionin und Cystein aufgebaut. Vegetarier, aber vor allem Veganer, können langfristig einen Taurinmangel entwickeln. Taurin besitzt eine antioxidative Wirkung, stabilisiert die Zellwände und regt auch das Immunsystem an. Taurin wirkt unterstützend auf die Leber und verbessert ihre Entgiftungsleistung. Als Top-Lieferanten gelten vor allem Meeresfrüchte und alle Arten von Fisch.

Vitamin E – das Schutzschild für die Leber

Vitamin E schützt die Leber vor Entzündungen. Gleichzeitig unterstützt sie aber auch die bereits entzündete Leber beim Fettabbau und hilft ihr, ihre Funktionsfähigkeit wiederzugewinnen. Es versteckt sich in Pflanzenölen wie Olivenöl, aber auch Nüssen. Mandeln strotzen beispielsweise nur so vor Vitamin E und lassen sich sehr vielfältig in der Küche einsetzen, wie Sie im Rezeptteil (Seite 60) sehen werden.

»Ketogene Kost« – schon mal gehört?

Die strengste Form der kohlenhydratreduzierten Diät findet weltweit immer mehr Beachtung: die ketogene Diät. Das ist eine fettreiche und extrem kohlenhydratarme Ernährung. Damit kann man besonders sinnvoll abspecken, also viel Fett und wenig Muskeln verlieren. »Ketogen« heißt sie deshalb, weil dabei aus dem Fettabbau im Körper Stoffe entstehen, die Ketonkörper oder Ketosäuren genannt werden.

Die Bildung von Ketonkörpern ist ein natürlicher Stoffwechselprozess, der immer startet, wenn die Nahrungszufuhr insgesamt sehr gering ist oder gar gänzlich darauf verzichtet wird, z. B. beim Fasten oder Heilfasten. Ketone entstehen ebenfalls, wenn die Kohlenhydratzufuhr auf weniger als 50 g pro Tag beschränkt wird. Nach wenigen Tagen wird der Zucker zur Versorgung des Gehirns so knapp, dass der Körper verstärkt auf die Verwertung von Fett umstellt, wobei Ketonkörper entstehen, die auch das Gehirn als Energiequelle nutzen kann. Gleichzeitig lernt die Muskulatur, einen großen Teil der benötigten Energie nicht mehr über Glukose bzw. Glykogen, sondern aus Ketonkörpern zu beziehen. Dieser natürliche Prozess im Fasten- bzw. Hungerstoffwechsel hat die Menschheit über Millionen Jahre begleitet und bei Nahrungsknappheit das Überleben ermöglicht. Die Ketose hilft zudem, die Muskulatur vor dem Abbau zu schützen und dadurch einem Jo-Jo-Effekt vorzubeugen. Der Grund: Wenn die Hirnzellen keine Glukose mehr nutzen, muss weniger Glukose über den Abbau von Muskelprotein neu gebildet werden. Diesen Vorteil machen wir uns bei unserem 4-Wochen-Konzept zu Nutze.

Ketone als Therapie

Völlig etabliert ist die ketogene Diät in der Behandlung von Epilepsie bei Kindern und bei einigen seltenen Stoffwechselstörungen des Gehirns. In jüngerer Zeit halten Forscher es auch für möglich, dass diese Ernährungsform für eine Reihe weiterer Krankheiten therapeutisch sinnvoll sein könnte – das reicht von Akne und Demenz bzw. Alzheimer über Parkinson bis hin zu Schädel-Hirn-Traumata. Zudem kann die ketogene Diät in der Krebstherapie als sehr sinnvolle, therapieunterstützende die Körpersubstanz erhaltende Maßnahme eingesetzt werden.

Das 4-Wochen-Programm – jetzt geht's los!

Den ersten Schritt haben Sie, wenn Sie bis hierhin gekommen sind, schon getan. Freuen Sie sich jetzt auf mehr Energie und richtig leckeres Essen.

Studien zeigen, dass der Fettabbau in den Organen, allen voran in der Leber, bereits nach wenigen Stunden bzw. Tagen einsetzt – vorausgesetzt, die Kalorienzufuhr wird möglichst stark und plötzlich nach unten gefahren. Und der schöne Nebeneffekt: Ein paar überflüssige Pfunde purzeln gleich mit!

Fettleber ade

Dafür heißt es nun für die nächsten 4 Wochen: maximal 1 100 kcal bei gleichzeitig maximal 50 g Kohlenhydraten pro Tag. Das hört sich anstrengend an? Natürlich verlangt dies etwas Disziplin, aber Sie werden überrascht sein, wie lecker und köstlich das wird – versprochen! Denn das Allerwichtigste erhalten Sie von uns an die Hand: Alle 68 Rezepte sind praxiserprobt, absolut alltagstauglich und in kürzester Zeit auf dem Teller und entsprechen natürlich alle exakt den Leberfasten-Prinzipien. Sie werden sehen – bald werden Sie Ihre ersten Erfolge feiern können!

Drei Mahlzeiten – der Erfolgsfaktor

Um Ihren Fettabbau optimal zu fördern, sollten möglichst lange Pausen zwischen den Mahlzeiten liegen – so stabilisieren sich Blutzucker- und Insulinspiegel und Ihre Fettverbrennung läuft auf Hochtouren! Ideal sind 4–5 Stunden, in denen Sie nichts essen und auch nur kalorienfreie Getränke zu sich nehmen. In der Praxis entspricht dies dem bewährten 3-Mahlzeiten-Prinzip.

In diesem Buch besitzen alle Frühstücksrezepte und kleinen Gerichte 300 kcal, die Hauptgerichte 500 kcal. Sie dürfen folglich jeden Tag aus jeder Kategorie jeweils ein Rezept frei wählen. Und Sie müssen dabei auch nicht auf die Kohlenhydratmengen achten – das haben wir schon für Sie übernommen: Kein Rezept weist mehr als 16 g Kohlenhydrate auf.

Sie sind so gar kein Frühstücker und möchten lieber nur 2 Mahlzeiten am Tag genießen? Gar kein Problem! Wählen Sie dafür einfach zwei 500-kcal-Gerichte oder genießen Sie die doppelte Menge eines 300-kcal-Gerichts plus ein 500-kcal-Gericht. Mit nur zwei Mahlzeiten hat Ihr Körper sogar noch längere »Fastenphasen«« zwischen den Mahlzeiten, was die Fettverbrennung zusätzlich fördern kann.

Die Wochenthemen

Da neben der Ernährung verschiedene Lebensstilfaktoren den Fettabbau in der Leber zusätzlich positiv beeinflussen können, werden Sie jede Woche spannende Hintergrundinformationen mit praktischen Ideen für Ihren Alltag erhalten. Wählen Sie bitte zunächst in jeder Woche drei Aufgaben, die Sie in dieser Woche erfolgreich umsetzen möchten. Nach und nach können Sie weitere Tipps in Ihren Alltag einbauen – irgendwann vielleicht sogar alle fünf.

Das sollten Sie im Haus haben

Um Ihnen ein möglichst schnelles und einfaches Nachkochen zu ermöglichen, haben wir ausschließlich »Standardlebensmittel« als Zutaten gewählt und uns bewusst auf eine Auswahl an Lebensmitteln fokussiert. So können Sie mit einigen Grundlebensmitteln im Haus gleich mehrere Gerichte fix nachkochen – ohne für jedes Gericht wieder komplett neu einkaufen gehen zu müssen oder immer neue Reste übrig zu haben.

Mit den Zutaten der »Low-Carb-Vorratsliste« (Seite 32) haben Sie eine gute Grundausstattung im Haus, die es Ihnen erlaubt, auch mal ganz spontan ein leckeres Gericht zu zaubern.

Auf einen Blick: das 4-Wochen-Programm

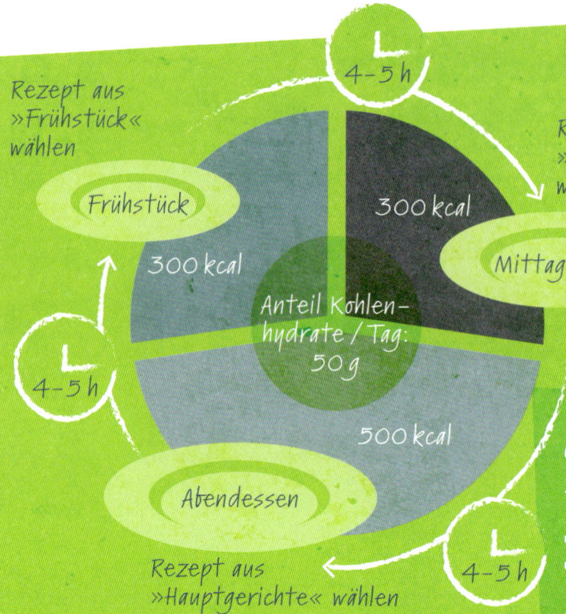

die 5 wichtigsten Erfolgsfaktoren

- täglich 1 100 kcal
- 3-Mahlzeiten-Prinzip: Frühstück, kleines Gerich und Hauptgericht (300 / 300 / 500 kcal)*
- täglich maximal 50 g Kohlenhydrate
- zwischen den Mahlzeiten: 4 bis 5 h Pause
- ausschließlich kalorienfreie Getränke wie Mineralwasser, Tee und Kaffee (ungesüßt)

* Entscheiden Sie frei, wann Sie das kleine Gericht und wann das Hauptgericht genießen.

Woche 1: Alltagsbewegung

- Bauen Sie mehr Bewegung in Ihren Alltag ein – ganz nebenbei.

Woche 2: Schlaf

- Entdecken Sie Ihren Biorhythmus wieder

das 4-Wochen-Konzept

Setzen Sie sich jede Woche neue Ziele.
So verändern Sie nachhaltig Ihre Alltagsgewohnheiten.

Planung & Einkaufen

Erstellen Sie einen Menüplan. So können Sie vieles bereits auf Vorrat einkaufen.

Woche 4: Krafttraining

- Bauen Sie Muskelmasse auf. Denn: mehr Muskeln = mehr Speicherkapazität für Kohlenhydrate

Woche 3: Entstressen

- Entwickeln Sie Rituale und Strategien für Ihr Wohlbefinden.

Extra-Booster: HEPAFAST®

Der Einzatz von Hepafast® kann Ihnen die lebergesunde Ernährung erleichtern.

Meine Low-Carb-Vorratsliste:

tiefgekühltes Obst und Gemüse

- Tiefkühlkräuter (Schnittlauch, Petersilie, Dill)
- Gemüse (Kaisergemüse, Erbsen, Spinat; ungewürzt)
- Beeren (Himbeeren, Heidelbeeren, etc.; ungezuckert)

tiefgekühlter Fisch und tiefgekühltes Fleisch (optional)

- Fischfilets (Kabeljau, Lachs, Thunfisch)
- Hähnchenbrust
- Rinderhackfleisch

Trockenvorrat

- Low-Carb-Hafer-Brot (Seite 68) oder Hafer-Quark-Brötchen (Seite 66) (Tipp: portionsweise einfrieren)
- Flohsamenschalen
- Haferflocken (zart oder kernig)
- Haferkleie
- Leinsamen (geschrotet)
- Mandelmehl
- Weizenmehl (kleine Menge)
- Zucker (kleine Menge)

Essig, Öle und Würzmittel

- Essig (Balsamico hell und dunkel, Kräuteressig)
- natives Olivenöl
- Sojasoße
- Gewürze (Salz, Pfeffer, edelsüßes und rosenscharfes Paprikapulver, Muskat)
- Kräuter (Oregano, Kreuzkümmel, italienische Kräuter, Kräuter der Provence)
- Salatkräuter
- Gemüsebrühe
- Vanille (Gewürzmühle)
- Zimt
- Honig
- Meerrettich (im Glas)
- (Dijon-)Senf
- Tomatenmark
- Currypaste (rot)

Konserven und Eingelegtes

- Kokosmilch
- Oliven (grün, ohne Stein, in Wasser)
- Thunfisch (in eigenem Saft)
- Tomaten (passiert oder gehackt, in der Dose oder im Tetra Pak)

Nüsse und Kerne

- Kerne-Mix
- Mandeln (gemahlen)
- Walnüsse (geschält)

Frische-Vorrat

- Butter
- Eier (Größe M)
- Frischkäse natur und mit Kräutern (17 % Fett abs.)
- Joghurt (3,5 % Fett)
- getrocknete Tomaten
- körniger Frischkäse (20 % Fett i. Tr.)
- Käse am Stück oder gerieben (z. B. Gouda)
- Knoblauch
- Milch (1,5 % Fett)
- Quark (20 % Fett i. Tr.)
- Parmesan (ggf. gerieben)
- Ricotta (45 % Fett i. Tr.)
- Rohkost (z. B. Tomate, Gurke, Radieschen)
- Schafskäse
- Schinkenwürfel (mager)
- Zitrone
- Zwiebeln und Schalotten

optional

- Garnelen (gekocht und geschält)
- Käsescheiben (z. B. Gouda 45 % Fett i. Tr.)
- Räucherlachs
- Salat (z. B. Rucola, Feldsalat)
- Schinken (z. B. gekochter Schinken, Lachsschinken)
- Stremellachs
- frische Kräuter im Topf (z. B. Basilikum)

Ein Wort zu Portionsgrößen und Mengenangaben

Alle Gerichte mit Ausnahme der Backwaren (Seite 68) und der Feta-Quiche (Seite 86) sind für 2 Portionen berechnet. Sie absolvieren das Programm allein? Gar kein Problem! Die meisten Gerichte können Sie perfekt am nächsten Tag (aufgewärmt) noch mal genießen und sparen dadurch auch noch Zeit. Alternativ können Sie natürlich auch jedes Gericht nur für 1 Person zubereiten, indem Sie jeweils die Hälfte der Zutaten verwenden.

Um die Zutatenliste möglichst übersichtlich zu gestalten, verwenden wir bei Gemüse und Obst Durchschnittsgewichte. Zur Orientierung finden Sie nachstehend eine Übersicht. Steht im Rezept keine weitere Angabe zur Größe, ist eine mittlere Größe (mittelgroß) gemeint. Anfangs ist es sicherlich einfacher, wenn Sie verschiedene Gemüsesorten mal stichprobenartig nachwiegen – so werden Sie ganz schnell ein Gefühl für die Gewichte entwickeln. Aber bitte seien Sie nicht päpstlicher als der Papst – ein paar Gramm mehr oder weniger sind nicht tragisch. So besitzen 50 g Paprika beispielsweise nur 12 kcal. Auch können Sie natürlich bei den Zwiebeln nach Belieben austauschen: Ob zwei Schalotten, eine (rote) Zwiebel oder 50 g Lauch – hier entscheidet Ihr Geschmack.

Überblick über Mengenangaben		
Apfel	klein (im 4er-Pack)	125 g
Aubergine	klein groß	260 g 380 g
Brokkoli	1 Stk.	500 g
Champignons	4–5 Stk.	100 g
Fenchel	mittelgroß	240 g
Gurke	klein groß	200–250 g 500 g
Karotte	klein mittelgroß groß	80 g 120 g 220 g
Kohlrabi	mittelgroß	360 g
Lauch	dünne Stange nur Weiß	150 g 50 g

Überblick über Mengenangaben		
Lauchzwiebeln	Bund 1 Lauchzwiebel ohne Grün	250 g 40 g 25 g
Oliven, grün, ohne Stein	10 Stk.	30 g
Paprika	mittelgroß (im 3er-Pack) groß	160 g 300 g
Radieschen	Bund (ohne Grün) 1 Stk.	150 g 15 g
Rucola	1 Handvoll	25 g
Schalotte	1 Stk.	15–20 g
Spargel	ca. 12 Stangen (abgepackt)	500 g
Spitzpaprika	2–3 (abgepackt)	230 g
Tomaten	Cocktailtomate 1 Stk. Mini-Rispentomate kleine Tomate getrocknete Tomaten 2–3 3–4	8–10 g 20 g 80 g 20 g 30 g
Tomaten passiert/gehackt	1 Dose/Tetra Pak	500 g
Walnuss	4 kleine Hälften (geschält)	10 g
Zucchini	klein mittelgroß groß	200 g 260 g 320 g
Zwiebel	klein mittelgroß	30 g 50–60 g

An alle übrigen Angaben halten Sie sich bitte möglichst genau. Angaben zum Fettgehalt der Lebensmittel entnehmen Sie bitte der »Low-Carb-Vorratsliste« (Seite 32). Um Ihnen möglichst viel Abwiegen zu ersparen, arbeiten wir auch häufig mit TL- und EL-Angaben. Bei Parmesan verwenden wir bei kleinen Mengen geriebenen Parmesan und geben hierfür EL an, bei größeren Mengen finden Sie die Angabe in Gramm.

Hier dazu auch zur Orientierung ein kleiner Überblick:

Umrechnung TL/EL in g

Butter	1 TL 1 geh. TL	5 g 8 g
Joghurt/saure Sahne	1 EL 1 geh. EL	20 g 25 g
Flohsamenschalen	1 EL	7 g
Frischkäse	1 TL 1 geh. TL 1 EL 1 geh. EL	10 g 15 g 25 g 30 g
Haferkleie und -flocken	1 EL	10 g
Kokosraspeln	1 TL 1 EL	2 g 5 g
Leinsamen	1 EL	10 g
Mandel-/Weizenmehl/Mandeln, gemahlen	1 EL	10 g
Öl	1 TL 1 EL	5 g 12 g
Parmesan, gerieben	1 EL	5 g
Tomaten, passiert	1 EL	20 g
Quark	1 geh. EL	30 g
Sesam	1 EL	10 g

Mineralwasser ist das Getränk der Wahl

Setzen Sie auf ein mineralstoffreiches Wasser und genießen Sie davon mindestens zwei Liter am Tag. Gerne können Sie für etwas Abwechslung auch Zitronen- oder Limettenscheiben sowie Minzblätter oder Ingwerstückchen ins Wasser geben. Auf Alkohol verzichten Sie nach Möglichkeit in den nächsten vier Wochen komplett. Generell ist ein geringer bis moderater Alkoholgenuss zwar eher gesundheitsförderlich, doch gleichzeitig sind die appetitanregende, enthemmende Wirkung sowie die darüber aufgenommenen Kalorien nicht zu unterschätzen.

Wichtiger Hinweis zur Medikamenteneinnahme

Falls Sie Medikamente einnehmen, sollten Sie vor dem Start des Programms mit Ihrem Arzt Rücksprache halten. Dies ist besonders wichtig, wenn Sie Insulin spritzen, da sich Ihre Blutzuckerwerte schnell verbessern können.

Woche 1 – Startschuss

Endlich geht's los – einen wunderschönen guten Low-Carb-Morgen! Ab heute heißt es, sich dreimal am Tag satt essen und dem Körper zwischen den Mahlzeiten genügend Zeit geben, um die Fettverbrennung mal so richtig hochzufahren. Hierbei ist eine gute Planung das A und O.

Nahezu alle Gerichte sind bewusst für zwei Portionen angegeben – so haben Sie die Möglichkeit, eine Portion für den nächsten Tag, z.B. für das Mittagessen im Büro vorzukochen oder einzufrieren. Wir empfehlen Ihnen auch, Ihre Mahlzeiten immer schon zwei bis drei Tage im Voraus zu planen und am besten auch gleich (nahezu) alle Lebensmittel für Ihre Wunschgerichte der nächsten Tage zu besorgen. So geraten Sie auch nie in die Verlegenheit, mit Heißhunger zuerst noch einkaufen und anschließend kochen zu müssen.

So köstlich können Ihre ersten 4 Tage aussehen

Um Ihnen den Einstieg zu erleichtern, haben wir Ihnen einen beispielhaften 4-Tages-Plan zusammengestellt. Damit es noch schneller geht, finden Sie nachstehend auch gleich noch eine Einkaufsliste dazu.

Wir haben uns dabei zunutze gemacht, dass die Gerichte für zwei Portionen gedacht sind – so müssen Sie nur einmal am Tag frisch kochen. Natürlich steht es Ihnen aber frei, jeweils nur eine Portion der Gerichte zu kochen und dadurch täglich noch mehr Abwechslung hineinzubringen.

Speiseplan für die ersten 4 Tage

	Frühstück	Mittagessen	Abendessen
Tag 1	Gefülltes Lachs-Omelett (Seite 68)	Zucchini-Cannelloni (Seite 99)	Köstliche Pizzarolle (Seite 84)
Tag 2	Kokos-Ricotta-Creme (Seite 62)	Köstliche Pizzarolle	Schnelle-Kassler-Gemüse-Pfanne (Seite 102)
Tag 3	Gefülltes Lachs-Omelett	Buntes Ofengemüse (Seite 75)	Zucchini-Cannelloni
Tag 4	Kokos-Ricotta-Creme	Schnelle Kassler-Gemüse-Pfanne	Buntes Ofengemüse

Einkaufsliste

Milchprodukte

- Butter
- Kräuterfrischkäse (17 % Fett abs.): 200 g
- Gouda, gerieben (45 % Fett i. Tr.): 160 g
- körniger Frischkäse (20 % Fett i. Tr.): 200 g
- Milch (1,5 % Fett): 1 l
- Mozzarella: 1 Kugel (125 g)
- Parmesan, gerieben: 40 g
- Quark (20 % Fett i. Tr.): 2 × 250 g
- Ricotta (45 % Fett i. Tr.): 250 g
- Schafskäse (Feta): 1 Packung (150 g)

Fleisch, Fisch und Eier

- Eier: 6
- gekochter Schinken: 60 g
- Kassler: 250 g
- Räucherlachs: 100 g

Gemüse und Obst

- Aubergine: 1
- Beeren: 100 g
- Champignons: 250 g
- Karotten: 2
- Knoblauch: 1
- Lauch: 1 dünne Stange
- Paprika: 3
- Rucola: 50 g
- Zucchini: 2 + 1 große

Gewürze bzw. Vorratsschrank

- Honig
- Kokosraspeln: 40 g
- Kräuter, frisch oder TK: wie Schnittlauch und Basilikum, optional frisches Basilikum im Topf
- getrocknete Kräuter, wie ital. Kräuter, Kräuter der Provence
- Olivenöl
- Paprikapulver edelsüß + rosenscharf/Chili
- Salz
- Pfeffer
- Senf
- passierte Tomaten: 1 Dose/Tetra Pak
- Tomatenmark
- Vanille (Gewürzmühle, optional)
- Zucker, kleine Menge
- Zimt

Wie Ihr Körper reagieren kann

Kopfschmerzen, Müdigkeit, eine belegte Zunge, ein veränderter Körpergeruch sowie ein verstärktes Kälteempfinden sind typische körperliche Reaktionen, die auftreten können, wenn die Kalorienzufuhr so drastisch heruntergefahren wird. Lassen Sie sich davon bitte nicht verunsichern. In der Regel wird es Ihnen anschließend besser gehen – Sie sind fitter und voller Tatendrang.

Der Hintergrund: Durch den sehr geringen Kohlenhydratgehalt von unter 50 g pro Tag können Sie in die sogenannte »Ketose« gelangen. Dabei entstehen aus dem Fettabbau im Körper die bereits erwähnten Ketonkörper oder Ketosäuren. Dieser Zustand ist für das Abspecken von besonderem Vorteil, weil die Ketonkörper im Gehirn Sättigungssignale auslösen und darüber hinaus offenbar auch noch für das berühmte »Fastenhoch« verantwortlich sind, unter dem sich Fastende außergewöhnlich gut und leistungsfähig fühlen. Die Ketose hilft zudem, die Muskulatur vor Abbau zu schützen und dadurch einem Jo-Jo-Effekt vorzubeugen. Der Grund: Wenn die Hirnzellen keine Glukose mehr nutzen, muss weniger Glukose über den Abbau von Muskelprotein neu gebildet werden. Diesen Vorteil machen wir uns bei unserem 4-Wochen-Konzept zunutze.

Wochenmotto: Mehr Schwung im Alltag

Unsere Muskeln sind der große und die Leber der kleine Kohlenhydratspeicher unseres Körpers. Nach dem Essen wird durch Verdauung und Stoffwechsel alles an Zucker und Stärke zu Glukose (Traubenzucker) abgebaut und in seiner Speicherform (Glykogen) in den Muskeln und in der Leber als Energiereserve gespeichert. Bei normaler Muskelmasse lassen sich etwa 300 bis 400 g Glykogen unterbringen und in der Leber nochmals 80 bis 100 g. Das Muskelglykogen ist der Treibstoff für anstrengende Muskelarbeit und das Leberglykogen versorgt unser Gehirn mit Energie in den nüchternen Stunden zwischen den Mahlzeiten und über Nacht.

Muskelschwund ist eine weit verbreitete Wohlstandskrankheit

Da Muskeln in Ruhe für ihren Erhalt deutlich mehr Kalorien benötigen als Fettzellen, werden sie leider abgebaut, sofern sie nicht regelmäßig von uns beansprucht werden – hier denkt der Körper ganz ökonomisch. Und das hat entscheidende Folgen: Weniger Muskeln bedeuten nämlich auch weniger Speicherkapazität für Kohlenhydrate! Dann müssen die überschüssigen Kohlenhydrate in Fett umgewandelt und in die Speicherorgane eingelagert werden. Das ist an erster Stelle das Unterhautfettgewebe, aber auch immer die Leber.

Das bedeutet im Umkehrschluss: Die Leber wird allein schon durch unsere muskuläre Inaktivität fett. Zudem passen Kohlenhydrate aus einer Mahlzeit erst wieder in die Muskeln, wenn diese durch entsprechenden Verbrauch geleert wurden. Ein Pkw ist auch erst wieder betankbar, nachdem Sprit verbraucht wurde. Oder haben Sie schon mal probiert, einen vollen Tank nachzufüllen? Beim Muskel ist es nicht viel anders. Wenn Kohlenhydrate nicht mehr im Muskel Platz finden, »laufen sie über« und müssen alternativ gespeichert werden – als Fett im Fettgewebe und in der Leber.

Die Schlussfolgerung liegt auf der Hand: Alle – ob jung oder alt – sollten täglich körperlich aktiv sein, um die Muskeln zu erhalten. Wer durch das bequeme Leben bereits viel Muskulatur abgebaut hat, sollte schleunigst wieder Muskeln aufbauen. Das kann man bis ins hohe Alter realisieren. Dazu müssen Muskeln einfach nur täglich bewusst beansprucht werden!

Verbrauch steigern

Die negative Energiebilanz ist das Ziel. Das bedeutet, weniger Kalorien zu essen, als der Körper für sein Dasein benötigt. Dies kann man durch Absenkung der Energiezufuhr, aber auch durch eine Steigerung des Energiebedarfs erreichen. Das Beste ist natürlich eine Kombination aus beidem – weniger essen und gleichzeitig mehr bewegen. Je ausgeprägter die negative Energiebilanz, desto effektiver der Fettabbau im Körper.

Starthilfe für Bewegungsmuffel

Oft wird die eigene körperliche Aktivität leider überschätzt – im Schnitt werden täglich oft nicht einmal 3 000 Schritte zurückgelegt, was einem Spaziergang von 30 Minuten oder einer Strecke von ca. 2,4 km entspricht. Damit Ihnen das nicht passiert – hier unser absoluter Geheimtipp: Werden Sie zum Schrittesammler im Alltag! Besorgen Sie sich einen Schrittzähler, um damit Ihre täglichen Schritte zu dokumentieren. Oder nutzen Sie den Ihres Smartphones. Er wird sie motivieren und anspornen, Ihr tägliches Ziel zu erreichen. Starten Sie am besten mit 6 000 Schritten pro Tag.

Wählen Sie jetzt Ihre drei Ziele für diese Woche

Genießen Sie Bewegungsmöglichkeiten im Alltag

Parken Sie Ihren Pkw ein Stück vom Ziel entfernt und gehen Sie den Rest des Weges zu Fuß. Das Gleiche gilt für die öffentlichen Verkehrsmittel: Steigen Sie eine Bus-, Tram- oder U-Bahn-Station zu früh aus. Und je flotter Sie die Strecke bis zum Ziel zurücklegen, desto mehr werden Ihre Muskeln gefordert. Sie können viele Wege zu Fuß oder mit dem Rad zurücklegen? Dann gibt es ab heute keine Ausrede mehr!

Rolltreppen sind out!

Diese Woche wählen Sie stets die Treppe und entscheiden sich so für ein kostenloses Training Ihrer Beinmuskulatur und Ihres Rumpfes. Nebenbei wird auch noch Ihr Herz-Kreislauf-System trainiert.

Nutzen Sie jede Sitz-Unterbrechung

Stehen Sie zum Telefonieren auf oder laufen Sie mit dem Mobiltelefon ein paar Schritte. Deponieren Sie Ihre Utensilien und Ihre Verpflegung möglichst weit weg, sodass Sie sich oft am Tag erheben müssen. Wählen Sie auch nicht die nächstgelegene Toilette, sondern bewusst die im nächsten Stock.

Genießen Sie in jeder Mittagspause einen kurzen Spaziergang

Schon 15 Minuten genügen. Gehen Sie nach dem Essen raus, sofern das Wetter es zulässt – und wenn die Sonne scheint umso dringender (Seite 125). Versuchen Sie, möglichst viele flotte Schritte zurückzulegen – dafür dankt Ihnen auch Ihr Darm mit einer »entspannten« Verdauung.

Nutzen Sie jedes Schlangestehen zum Po-Training

Ärgern Sie sich nicht länger, wenn Sie mal wieder die langsamste Schlange erwischt haben oder vermeintlich jede Ampel rot anzeigt. Nutzen Sie die Zeit für ein heimliches Training: Spannen und entspannen Sie abwechselnd Ihre linken und rechten Gesäßmuskeln, bis es weitergeht.

Woche 2 – die ersten 7 Tage haben Sie gemeistert!

Bravo, die erste Woche ist geschafft und damit schon der erste wichtige Schritt! Wie fühlen Sie sich? Wie hat Ihr Körper reagiert? Was können Sie bereits an Erfolgen verzeichnen?

Tipps und Tricks für noch mehr Erfolg

Mit diesen kleinen praktischen Tipps und Tricks können Sie die Gewichtsabnahme und Ihren Stoffwechsel zusätzlich unterstützen.

Heizen Sie Ihrem Stoffwechsel ein

Würzen Sie Ihre Gerichte scharf – Chili, Cayennepfeffer, Meerrettich und Pfeffer dämpfen den Hunger und kurbeln den Energieverbrauch an. Zimt senkt den Blutzuckerspiegel und wirkt gegen Heißhunger und die Lust auf Süßes.

Wasser marsch! Häufig wird Durst mit Hunger verwechselt. Das passiert Ihnen ab heute mit diesen Trinktipps nicht mehr:

- Trinken Sie vor jedem Essen ein großes Glas Mineralwasser.
- Reservieren Sie eine Wasserflasche nur für sich.
- Durst ist ein Notsignal – warten Sie nicht darauf, sondern trinken schon vorher.
- Stellen Sie sich einen Trink-Wecker zur Erinnerung.
- Wählen Sie eine hübsche Karaffe – das motiviert zusätzlich.
- Nehmen Sie eine kleine Wasserflasche to go mit.

Essen Sie von kleinen Tellern Je kleiner der Teller, desto größer wirkt die Portion und desto schneller sind wir satt. Eine wichtige Botschaft für das Gehirn, denn das Auge isst schließlich mit!

Überlisten Sie die Lust auf Süßes Putzen Sie sich nach jedem Essen die Zähne. So neutralisieren Sie den Geschmack in Ihrem Mund und verlieren die Lust auf einen süßen Nachtisch. Die kleine Zwischenlösung: Kaugummi kauen.

Essen Sie nur noch am Tisch … und nehmen Sie sich bewusst Zeit dafür. Lauschen Sie schöner Musik, legen Sie Ihr Handy weg und erteilen Sie dem Fernseher mal Sendepause. Genießen Sie Ihr Essen mit allen Sinnen und nehmen Sie sich 20 Minuten Zeit dafür – erst dann setzt das Sättigungssignal ein.

Frieren Sie Ihr Brot immer scheibenweise ein Lässt man stärkereiche Lebensmittel nach dem Kochen bzw. Backen abkühlen, wird ein Teil der »bösen« blutzuckerwirksamen Stärke in »bessere« resistente Stärke umgewandelt. Diese Stärke ist unverdaulich und fördert eine gute Darmflora. Durch Einfrieren und wieder Auftauen kann der Gehalt davon erhöht werden.

Legen Sie doch mal einen Turbo-Tag ein!

Wählen Sie dafür an einem Tag in der Woche neben dem Frühstück mal zwei Rezepte aus der Kategorie »kleine Gerichte« mit 300 kcal: Wie wäre es zum Beispiel mit den köstlichen Hähnchen-Involtini (Seite 104) zum Mittagessen und den Zucchini-Spaghetti mit Thunfischsauce (Seite 109) zum Abendessen? So schlemmen Sie an diesem Tag sogar für unter 1 000 kcal und fördern Ihre Fettverbrennung zusätzlich.

Wochenmotto: Schlafen Sie sich aus

Wir werden immer schlafloser. 2016 gaben 79 Prozent der Erwachsenen in Deutschland an, unter Einschlaf- oder Durchschlafstörungen zu leiden! Nur 21 Prozent schlafen offenbar ausreichend und erholsam! Lediglich sieben Jahre früher zeigte eine vergleichbare Untersuchung »nur« 48 Prozent mit Schlafstörungen an. Diese krasse Entwicklung ist mehr als beunruhigend, denn gestörter Schlaf macht dick und krank! Chronische Schlafstörungen sind heute nach Dutzenden Langzeitstudien ein anerkannter, wichtiger Risikofaktor für Fettleber, Übergewicht, Typ-2-Diabetes und Herz-Kreislauf-Erkrankungen!

Aus dem Takt geraten

Unser moderner Lebensstil bringt inzwischen bei der Mehrheit den Schlaf-Wach-Rhythmus durcheinander. Die meisten leben und arbeiten in geschlossenen Räumen. Unserer inneren Uhr bereitet das allergrößte Schwierigkeiten: Um »im Takt zu bleiben«, ist sie auf die regelmäßige Justierung durch natürliches Tageslicht angewiesen. Am schlimmsten sind Schichtarbeiter dran. Bei ihnen können dauerhaft jetlagähnliche Symptome auftreten und die Gesundheit nachhaltig schädigen.

Schlafstörungen machen die Leber fett

Schlafstörungen bedeuten für den Körper Stress. Kommt es zur chronischen Ausschüttung von Stresshormonen wie Adrenalin und Cortison, wird die Fettspeicherung am und im Bauchraum verstärkt. Auch die Organe in der Bauchhöhle werden schneller »fett« – allen voran die Leber. Zudem erhöht ein Schlafdefizit die Wahrscheinlichkeit, dass sich eine Fettleber entzündet und zur gefürchteten Fettleber-Hepatitis (NASH) weiterentwickelt.

Schlafmangel macht hungrig

Schlafmangel führt zu Störungen im Hunger- und Sättigungszentrum im Gehirn. Durch einen gestörten oder zu kurzen Schlaf über 2 oder 3 Nächte hintereinander wird selbst bei jungen, gesunden Menschen eine unzügelbare »Fresslust« entfacht: Meist ist dann noch dazu die Süßlust sehr ausgeprägt. Zudem fühlt man sich nach solchen Nächten schlapp und müde, sodass man sich weniger und langsamer bewegt. Das reduziert zusätzlich den Energieverbrauch – ein Teufelskreis!

Gleichzeitig wird man spätestens nach 3 Nächten Schlafdefizit insulinresistent. Das heißt, der Insulinspiegel ist chronisch erhöht, was die Umwandlung von Kohlenhydraten in Fett fördert.

Mit Schlaf die Leber entfetten

Die gute Botschaft ist, dass man bereits besser abspecken und die Leber schneller entfetten kann, wenn die Schlafdauer in Richtung 7–8 Stunden verlängert und vor allem die Schlafqualität verbessert wird. Also tun Sie gleich heute etwas für einen erholsameren Schlaf.

Wie viel Schlaf ist gesund?

Bei schlafgesunden Menschen beträgt die Schlafdauer im Durchschnitt 7–8 Stunden pro Nacht. Dennoch gibt es individuelle Unterschiede: Einige Menschen sind von Natur aus Kurzschläfer und fühlen sich bereits nach 5–6 Stunden Schlaf erholt und frisch. Aufgrund ihrer Schlafarchitektur verbringen sie nachweislich genauso viel Zeit im Tiefschlaf wie 8-Stunden-Schläfer. Diese geborenen Kurzschläfer sind deswegen auch nach vergleichsweise kurzem Schlaf fit, leistungsstark und ausgeruht. Das gilt jedoch nicht für jene, die sich zwingen, kurz zu schlafen, ohne die genetische Programmierung dafür zu besitzen. Umgekehrt gibt es auch geborene Langschläfer.

So stellen Sie Ihren Wecker richtig

Etwa alle 90 Minuten wechseln unsere Schlafphasen zwischen Traum-, Leicht- und Tiefschlaf. In der Tiefschlafphase fällt das Aufstehen besonders schwer. Schlafforscher raten daher, die Weckzeit auf das Ende einer Schlafphase zu legen. Wer also um 23 Uhr einschläft, sollte bis 6.30 Uhr statt 6.45 Uhr schlafen, um nicht aus einer Tiefschlafphase gerissen zu werden.

Am liebsten dunkel und kühl

Die Temperatur im Schlafzimmer ist eines der wichtigsten Kriterien für einen guten und gesunden Schlaf. Auch wenn es kuschelig und gemütlich warm ist – drehen Sie die Heizung ein wenig runter. 16 bis 19 Grad Celsius sind ideale Temperaturen, damit Sie gut schlafen. Versuchen Sie zusätzlich, alle Lichtquellen zu beseitigen. Umso dunkler es ist, umso besser wird unser Schlafhormon Melatonin ausgeschüttet.

Erteilen Sie Handy, Fernsehen und Laptop Schlafzimmerverbot

Unerheblich, ob es sich um positive oder negative Nachrichten handelt, jede Information lässt unser Gehirn noch mal auf Hochtouren arbeiten – auch, wer im Lotto gewonnen hat, wird Schwierigkeiten haben einzuschlafen. Zudem zeigen Studien, dass telefonieren, chatten oder spielen mit dem Smartphone vor dem Zubettgehen sowohl die Qualität des Schlafs herabsetzen wie auch Kopfschmerzen, Konzentrationsstörungen sowie Depressionen auslösen können. Es wird diskutiert, dass die von den Geräten ausgehende Strahlung das Stresssystem des Gehirns aktiviert. Darüber hinaus geben die modernen Flachbildschirme verstärkt »blaues Licht« ab, das Ihrem Körper vorgaukelt, es wäre helllichter Tag.

Holen Sie sich Unterstützung

Nehmen Sie anhaltenden Schlafprobleme keineswegs auf die leichte Schulter und holen Sie sich im Zweifel professionelle Hilfe bei psychologisch geschulten Stresstherapeuten oder speziellen Schlaftherapeuten.

Wählen Sie jetzt Ihre drei Ziele für diese Woche

Verkürzen Sie Ihre »Sprechzeit«

Legen Sie eine Stunde vor dem Zubettgehen Laptop und Smartphone zur Seite. Geben Sie Ihrem Gehirn die Möglichkeit runterzufahren und bombardieren Sie es nicht mehr mit immer noch mehr neuen Eindrücken. Extratipp: Programmieren Sie mindestens eine Stunde vor dem Zubettgehen den »Nicht stören«-Modus Ihres Smartphones – bei dieser Einstellung erreichen Sie zwar noch Anrufe und Nachrichten, aber Ihr Handy bleibt stumm.

Machen Sie Ihr Bett zu Ihrer Schlafoase

Ihr Bett ist nicht Arbeitsplatz, Esstisch oder Lesecouch. Schaffen Sie bewusst die Assoziation »einfach nur schlafen«, indem Sie Ihr Bett ab heute nur noch zum Schlafen aufsuchen. So programmieren Sie auf Dauer Ihr Gehirn neu und kommen schneller und besser im Land der Träume an.

Die Schlummertaste ist ab heute tabu

Der wenige Schaf, den wir zwischen den Wecktönen bekommen, ist von keiner guten Qualität. Oft werden wir wieder mitten in einer Tiefschlafphase geweckt, was uns schlapper aufwachen lässt, als wir eigentlich wären. Stellen Sie den Wecker entweder lieber gleich später – oder stehen Sie gleich auf.

Schreiben Sie Tagebuch

Die häufigste Ursache, nicht einschlafen zu können, sind nächtliche Sorgen und Gedanken, von denen man sich aktiv freimachen muss. In einem Tagebuch können Sie Erlebtes, Gedanken und Ideen notieren und so für die nächsten Stunden aus Ihrem Kopf verbannen.

Überprüfen Sie Ihre Matratze und Ihr Kissen

Eine ungemütliche oder durchgelegene Matratze könnte der Grund für Ihre schlaflosen Nächte sein. Zudem sollten Sie darauf achten, mit dem richtigen Kissen zu schlafen. Bauchschläfer brauchen sehr dünne, flache Kissen – Seitenschläfer etwas dickere, stärkere Kissen. Die Körpergröße spielt hier natürlich auch eine Rolle.

Woche 3 – Halbzeit!

Herzlichen Glückwunsch, Sie sind schon in der zweiten Hälfte des Programmes angelangt! Und damit nicht genug: Aus Studien weiß man nämlich, dass insbesondere die ersten 2 Wochen für den Fettabbau in der Leber entscheidend sind. Also noch ein Grund mehr, stolz zu sein!

Zeit für ein kleines Zwischenfazit

Nehmen Sie sich die Zeit und notieren Sie Ihre kleinen und großen Erfolge. Über welche positiven Veränderungen freuen Sie sich besonders? Was war am Anfang schwierig, fällt Ihnen jetzt aber richtig leicht? Legen Sie den Zettel an einen für Sie gut sichtbaren Ort.

Belohnen Sie sich diese Woche selbst mit einem Glücksmoment – den gibt es auch ganz kalorienfrei! Kaufen Sie sich doch das neue Parfum, das Sie so gern haben möchten, schenken Sie sich einen schönen Blumenstrauß oder gönnen Sie sich eine Massage.

Wochenmotto: Entstressen Sie sich

Die meisten Menschen leiden nach eigener Aussage unter Stress, die einen unter beruflichem, die anderen unter Freizeitstress. In Stresssituationen wappnet sich der Körper für die kommenden Aufgaben und sorgt für eine sinnvolle Anpassung an aktuelle Umweltbedingungen. Dazu schüttet er die Hormone Adrenalin und Cortisol aus und verteilt sie über die Blutbahn in alle Gewebe.

Kampf oder Flucht

Ursprünglich war Stress vor allem eine körperliche Herausforderung – es hieß immer »Kampf oder Flucht«. Stress hat verhindert, dass wir von Säbelzahntigern gefressen oder von Mammuts zertrampelt wurden. Und auch heute noch ist diese Art von »Kampfmodus« in Gefahrensituationen eine gute Einrichtung.

Stress macht uns krank

In unserem modernen Leben haben wir vor allem mit psychischem Stress zu tun: Doppelbelastung von Arbeit und Familie, viele Termine unter Zeitdruck, unterbrechende Telefonate, ungerechte Chefs, mobbende Kollegen usw. All das hat ebenfalls eine ständig erhöhte Adrenalin- und Cortisolausschüttung zur Folge. Dieser ständige Cortisolüberschuss verschiebt wiederum das Hormongleichgewicht. Die Folgen reichen von Burnout und Depressionen bis hin zu körperlichen Beschwerden wie Rückenschmerzen, Tinnitus oder Migräne. Aber auch Fettleibigkeit, Stoffwechselstörungen wie Fettleber, Diabetes und Immundefekte können die Konsequenzen sein.

Ein wenig ist gut – zu viel ist schlecht

Stresshormone mobilisieren unsere Energiereserven und verstärken Kraft und Ausdauer, um bei Bedrohung die Überlebenschancen zu verbessern. Das gelingt, indem die Hormone den Blutzuckerspiegel und Blutdruck erhöhen. Damit wird die Blutversorgung des Gehirns und der Skelettmuskulatur verbessert. Erst unter diesen Voraussetzungen kann man Höchstleistungen vollbringen. Außerdem wirkt Cortisol entzündungshemmend, dämpft das Schmerzempfinden und stärkt unser Immunsystem. Eustress, also ein positiver, einfach zu bewältigender Stress im täglichen Leben, ist wichtig, um uns zu stärken und fit zu halten. Wenn der Stress jedoch nur noch schwer zu bewältigen ist, spricht man vom Disstress. Wird dieser zu einer Dauerbelastung, werden wir krank.

Der Bauch wächst und die Muskeln schwinden

Durch die Stresshormone wird viel Fett aus den Fettzellen geschleust, um als Energielieferant für die Muskeln bereit zu stehen. Da wir aber meist nur innerlich kämpfen und fluchen, statt zu flüchten, wird dieses Fett gar nicht in der Muskulatur benötigt. Es sucht sich neue Zwischenspeicher, bevorzugt in der Bauchhöhle und später in der Leber.

Eine weitere Folge eines chronisch erhöhten Cortisolspiegels ist Muskelabbau. Das bedeutet weniger Platz für die Speicherung von Zucker und Stärke und mehr Umwandlung und Speicherung als Fett. Die typische Folge von chronischem Stress ist deshalb der prall mit Fett gefüllte, apfelförmige Bauch auf Streichholz-Beinen – eine Hochrisikokonstellation!

Stressfaktoren erkennen

Um Ihr Risiko für stressbedingte Leberverfettung so gering wie möglich zu halten, müssen Sie Ihre individuellen »Schwachstellen« erkennen und passende Lösungsstrategien entwickeln. Sie sollten sich die Zeit nehmen und folgende Fragen in Ruhe für sich beantworten: Nehme ich mir zu viel vor? Haben ich kein gutes Zeitmanagement? Lasse ich mich zu oft dazu verleiten, mehrere Dinge gleichzeitig zu machen? Wo kann ich mir Unterstützung holen?

Stresshormone abbauen

Ob Yogakurs, progressive Muskelentspannung oder autogenes Training – die

Auswahl an Entspannungstechniken ist riesig. Finden Sie heraus, wobei Sie am besten entspannen. Viele Studios bieten auch Schnupperkurse an. Wenn Sie zu Hause am besten entspannen können, besorgen Sie sich eine schöne Entspannungs-CD mit Anleitung. Oder bauen Sie Ihre Stresshormone auf die ureigenste Art und Weise ab: durch anstrengende körperliche Aktivität bzw. Bewegung.

Wählen Sie jetzt Ihre drei Ziele für diese Woche

»Entstressen« Sie sich

Planen Sie sonntags Ihre Woche und entscheiden Sie bewusst, was Sie erledigen wollen und was Sie liegen lassen können. So handeln Sie selbstbestimmt ohne ständiges schlechtes Gewissen. Vergessen Sie dabei nicht, schöne Stunden und Zeit für sich einzuplanen. Wie wäre es mit einer entspannten Massage oder einem Kaffee mit der besten Freundin? Auch während der Arbeit ist es wichtig, innezuhalten und bewusst zu planen bzw. Prioritäten zu setzen, damit Ihre Aufgaben Sie nicht überrollen.

Schaffen Sie sich Ihre ganz persönlichen Abendrituale

Einschlafrituale sind wichtig, um den Tag abzuschließen und den Moment des Zubettgehens einzuläuten. Ob lesen, ein Hörbuch, ein Spaziergang oder Stricken – jeden entspannt etwas anderes. Auch Entspannungstees können helfen, selbst wenn das weniger an ihren Inhaltsstoffen als am ritualisierten Ablauf und der Tatsache liegt, sich bewusst etwas Gutes zu tun.

Planen Sie sportliche Verabredungen mit sich selbst

Bewegung bzw. Sport ist neben Lachen, Yoga und Entspannungsübungen einer der besten Stresskiller. Überlegen Sie sich schon sonntags, wie Sie sich in der kommenden Woche gerne körperlich betätigen würden und wann Sie sich die Zeit dafür nehmen. Schreiben Sie diese Termine fest in Ihren Terminplaner und suchen Sie sich Sportverbündete.

Atmen Sie öfter mal tief durch

Wenn Sie sich mal wieder besonders gestresst fühlen, schließen Sie die Augen und atmen tief ein und aus. Tiefes Atmen bei geschlossenen Augen ahmt das Gefühl nach, das Ihr Körper im entspannten Zustand hat. Nach einigen tiefen Atemzügen werden Sie sich schnell besser und ruhiger fühlen.

Halten Sie Ihre täglichen Glücksmomente in einem Buch fest

Oft verlieren wir im Alltagsstress den Blick für die kleinen, schönen Momente des Lebens. Nehmen Sie sich jeden Abend die Zeit und notieren Sie sich Ihre zwei oder drei Glücksmomente des Tages. Egal ob es eine Gehaltserhöhung oder ein unverhofftes Kompliment ist.

Woche 4 – die letzten 7 Tage!

Herzlichen Glückwunsch! Wir sind schon in der vierten und somit letzten Woche angekommen. Seien Sie stolz auf sich! Wie wäre es noch mal mit einem Turbo-Tag (Seite 42) auf den letzten Metern?

Endspurt

... im wahrsten Sinne des Wortes! In unserem heutigen Wochenthema wollen wir uns noch mal mit unserer Muskulatur beschäftigen. Denn was viele oft nicht realisieren: Bei körperlicher Inaktivität, am Schreibtisch wie in bewussten Ruhephasen und während der ganzen Nacht im Schlaf verbraucht der Körper viel Energie. Dieser sogenannte »Grundumsatz« ist die Energie, die wir nur zur Aufrechterhaltung unserer Körperfunktionen benötigen. Er macht bei den meisten Normalbürgern den größten Teil des täglichen Kalorienverbrauchs aus – viel mehr als körperliche Aktivität (anders als bei Leistungssportlern und Schwerstarbeitern).

Wochenmotto: Lassen Sie die Muskeln spielen

Der Grundumsatz ist für die Frage »dick« oder »schlank« enorm wichtig. Dabei spielt die Muskulatur eine entscheidende Rolle: Muskelzellen benötigen in Ruhe für ihren Erhalt deutlich mehr Kalorien als Fettzellen. Um das Abspecken und vor allem den anschließenden Gewichtserhalt zu erleichtern, ist daher die Erhöhung des Grundumsatzes bzw. des Kalorienverbrauchs durch Aufbau von Muskulatur von immenser Bedeutung. Denn: Mehr Muskelmasse heißt auch immer mehr Kalorienverbrauch – in absoluter Ruhe auf der Couch vor dem Fernseher und natürlich auch während des Trainings.

Gut zu wissen – als Faustregel gilt: Untrainierte verbrauchen ca. 20 g Kohlenhydrate pro Stunde Sport, besser trainierte Freizeitsportler ca. 30 g, fitte Freizeitsportler unter anstrengender Belastung ca. 50 g.

Mehr sporteln für weniger Heißhunger

Dabei tritt ein Nebeneffekt ein, der für die erfolgreiche Gewichtskontrolle überaus wichtig ist: Mit regelmäßigem körperlichem Training lernt der Körper mit der Zeit wieder, Appetit und Hunger an den tatsächlichen momentanen Energiebedarf anzupassen. Sport hilft also, das gestörte Sättigungsgefühl wieder so zu regulieren, dass man sich nicht »überfrisst«. Dazu müssen Sie nicht Extremsport betreiben – im Gegenteil: Im mittleren, moderaten Belastungsbereich beobachtet man die besten Effekte.

Krafttraining bevorzugen

Ausdauersport ist sehr gesund, aber nur regelmäßiges, anstrengendes Krafttraining bietet dem Muskel während einer niedrigkalorischen Diät den nötigen Reiz, sich trotz negativer Energiebilanz zu erhalten. Allerdings muss das Krafttraining mit ausreichenden Mengen an hochwertigem Eiweiß vor und nach dem Training kombiniert werden – unsere Rezepte mit mindestens 25 g Eiweiß sind also auch hierfür ideal! Ein zusätzlicher Vorteil von Krafttraining ist, dass Sie nicht nur durch das Training selbst Kalorien verbrauchen, sondern dass auch noch ein »Nachbrenneffekt« hinzukommt. Denn die Muskulatur benötigt bis zu 72 Stunden, um zu regenerieren, und dafür verbrennt sie erneut viele Kalorien – ganz in Ruhe, im Stehen, im Sitzen und im Schlaf.

Ihre Muskulatur hört wieder auf Ihr Insulin

Trainierte Muskelzellen reagieren wieder viel besser auf unser Hormon Insulin – und merzen dadurch eine der wesentlichen Ursachen der ganzen Problematik aus. Regelmäßiges Training fördert außerdem die Anlage neuer, feiner Adern im Muskel- und Fettgewebe. Die verbesserte Durchblutung hält Muskeln und Fettgewebe fit. Außerdem wird die Speicherfähigkeit der Fettzellen verbessert: Nun können sie im Zweifelsfall auch wieder besser »gesund« Fett speichern und die Fettzellen laufen nicht mehr über – Ihre Leber und damit auch Ihr gesamter Stoffwechsel bleiben verschont!

Jede Art von Muskelaktivität bringt einen vorteilhaften Effekt. Das fängt bei einem langen Spaziergang an und erreicht das Optimum, wenn Sie mit qualifizierten Trainern im Fitnessstudio, individuell verträglich dosiert, alle Muskeln mit Krafttraining gezielt ansprechen. Dies ist insbesondere für Anfänger ideal, da sie sich von kompetenten Profis anleiten und ggf. korrigieren lassen können. Und: Die guten Vorsätze, zu Hause auf der eigenen Matte zu trainieren, sind erfahrungsgemäß leichter zu brechen als feste Studiozeiten mit Trainern, die man auch bezahlen muss, wenn man nicht erscheint. Hilfreich für das Einhalten ist auch, sich zum Training mit Freunden zu verabreden, weil dann der Gruppenzwang die Trägheit leichter besiegen kann.

Wählen Sie jetzt Ihre drei Ziele für diese Woche

Eine neue Morgenroutine

Wenn Sie wach werden, dehnen und strecken Sie sich erst einmal. Legen Sie sich nun auf den Rücken, die Arme liegen seitlich am Körper auf dem Bett. Bauch anspannen und Beine angewinkelt nach oben strecken. Fußspitzen ausstrecken und mit beiden Beinen in der Luft Fahrrad fahren – zehnmal vorwärts, dann zehnmal rückwärts. Das bringt Ihren Kreislauf in Schwung und trainiert Beine und Bauch.

... und im Bad geht's direkt weiter

Putzen Sie Ihre Zähne ab heute 3 Minuten anders – nämlich auf einem Bein! Zunächst das rechte Bein leicht beugen, das linke Bein langsam seitlich anheben und wieder senken, 15-mal wiederholen, dann folgt ein Beinwechsel. So zaubern Sie nicht nur saubere Zähne, sondern auch einen knackigen Po und trainieren Ihr Gleichgewicht.

Trainieren Sie täglich Ihren Bauch

Ganz nebenbei am Tisch sitzend: Setzen Sie sich gerade auf Ihren Stuhl, die Füße stehen auf dem Boden. Machen Sie eine Faust und legen Sie die Unterarme auf den Tisch. Nun spannen Sie Arme und Bauch an. Drücken Sie die Arme gegen den Tisch und versuchen Sie, Ihre angewinkelten Beine möglichst hoch zu heben. Machen Sie diese Übung mindestens fünfmal hintereinander – besser noch, bis Sie nicht mehr können.

Sagen Sie den »Winke-Ärmchen« ade

Nehmen Sie in jede Hand eine Wasserflasche – starten Sie am besten mit 0,5-l-Flaschen. Stellen Sie sich gerade hin, halten Sie die Arme ausgestreckt nach vorne. Beugen Sie nun die Arme abwechselnd mit den Wasserflaschen in der Hand zur Schulter hin. Machen Sie 10 Wiederholungen pro Arm bei 2–3 Durchgängen. Wenn das gut geht, steigern Sie einfach das Gewicht.

Anlehnen mal anders

So geht's mit der Kniebeuge an der Wand: Lehnen Sie sich mit dem Rücken gegen eine Wand und rutschen Sie so tief, dass Unter- und Oberschenkel einen rechten Winkel bilden. Diese Position mindestens 30 Sekunden lang halten. Wenn das gut geht, steigern Sie sich um 10 Sekunden. Mindestens 2 Durchgänge. Achten Sie darauf, dass der Boden nicht rutschig ist und Sie festes Schuhwerk anhaben. Variante für Anfänger: Setzen Sie sich einfach auf einen Stuhl und erheben Sie sich 10-mal ohne mit den Händen nachzuhelfen. Machen Sie zwei Durchgänge.

Mit HEPAFAST® geht es schneller und einfacher

Die wichtigsten Schritte zur Lebergesundheit kennen Sie nun. Hier haben wir noch ein Schmankerl für Sie: Mit einer Formula-Diät wird die Umstellung ganz leicht!

Aufgrund ihrer hohen Effektivität und der überlegenen Wirkung auf Dauer haben sich Formuladiäten als wissenschaftlich basierte Therapieoption inzwischen durchgesetzt. Bei diesen Mahlzeiten-Ersatz-Konzepten ist es für viele sehr hilfreich, dass man nichts weiter einkaufen und küchentechnisch nichts Kompliziertes zubereiten muss. Formulamahlzeiten können Sie problemlos mitnehmen und überall schnell zubereiten. Die geschmacklich schmale Bandbreite ist vorab bekannt – es erwarten Sie keine Überraschungen. Sie stellen sich darauf ein und ziehen es durch. All das kann Ihnen das Durchhalten erleichtern.

Unsere Vision war es, ein wissenschaftlich fundiertes und gleichzeitig praxisnahes Konzept zu entwickeln. Alle sollen es einfach umsetzen können – von der alleinerziehenden Mutter, über den gestressten Manager bis hin zum »kochfaulen« Rentner. Da lag natürlich nichts näher, als eine Formuladiät zu entwickeln, in der alles drinsteckt – neben hochwertigem Eiweiß auch alle leberaktiven Wirk- und Ballaststoffe wie Beta-Glucan und Inulin. Immer und überall fix in einem Milchprodukt der Wahl zubereitet, bleibt kein Platz für Ausreden wie »Oh, heute bin ich so müde – da will ich nicht auch noch einkaufen und kochen«. Das kommt vielen Anwendern entgegen und kann in vielen Fällen den Einstieg in eine lebergesunde Ernährung erleichtern.

Weltweit einzigartige Rezeptur Aus Mangel an zufriedenstellenden Alternativen entstand 2013 nach zweijähriger Entwicklung HEPAFAST® – ein speziell für das Leberfasten konzipiertes hochwertiges Eiweißpulver mit allem drin, was die Leber liebt.

Das Prinzip ist einfach: HEPAFAST® wird dreimal täglich in einem Milchprodukt zubereitet. Mittags und/oder abends wird

es durch Gemüsezubereitungen (max. 200 kcal pro Tag zusätzlich) ergänzt: gedünstet, aus dem Backofen, als Suppe, Salat oder Rohkost mit Dip. Ihrer kulinarischen Kreativität sind keine Grenzen gesetzt. Zur Unterstützung finden Sie hier eine Gemüse-Kalorientabelle (Seite 55) sowie Dipvorschläge für Rohkostvarianten, nicht zu vergessen natürlich die 9 Rezepte für köstliche Gemüsemahlzeiten im Rezeptteil (Seite 110).

Dieses klare und einfache Konzept kommt vielen Anwendern entgegen. Der angenehme Geschmack nach Vanille-Haferbrei und die ausgezeichnete Sättigungswirkung tun ihr Übriges – das Durchhalten gestaltet sich erstaunlich einfach, sodass sich rasch beachtliche Erfolge einstellen.

Die Leberfasten-Phasen mit HEPAFAST®

Intensivphase (2 Wochen):
3-mal täglich HEPAFAST®, 2-mal täglich durch eine Gemüsezubereitung (max. 200 kcal insgesamt zusätzlich) ergänzt

Reduktionsphase (8–10 Wochen):
2-mal täglich den Eiweißshake, 1-mal täglich eine moderne mediterrane Low-Carb-Mahlzeit, so wie sie in diesem Buch beschrieben wird (max. 600 kcal)

Stabilisierungsphase (4 Wochen):
1-mal täglich den Eiweißshake, 2-mal täglich eine moderne mediterrane Low-Carb-Mahlzeit, so wie sie in diesem Buch beschrieben wird (max. 600 kcal)

Erhaltungsphase:
Alle Mahlzeiten entsprechen einer modernen mediterranen Low-Carb-Ernährung.

Es liegt in Ihrer Verantwortung, wie lange Sie die Reduktions-, Stabilisierungs- und Erhaltungsphase gestalten wollen. Unverzichtbar hingegen sind die ersten beiden intensiven Startwochen! Zusätzlich sind »Auffrischungen« sehr empfehlenswert: 1 Fastentag pro Woche oder 3 Fastentage im Monat mit HEPAFAST® – je nachdem, was besser in Ihren Alltag passt.

Raus aus der Jo-Jo-Falle Gerade, wenn Sie schon mehrere erfolglose oder nur sehr begrenzt wirksame Abnehmversuche unternommen haben, kann HEPAFAST® die Wende bringen. Das liegt sowohl an der Effektivität der Rezeptur und der Einfachheit der Zubereitung als auch an der Möglichkeit der kontinuierlichen Unterstützung durch kompetente Berater.

Lassen Sie sich fachkundig betreuen Verbesserte Blutzucker-, Blutfett- und Leberwerte – all diese eindrucksvollen Effekte kann man meist schon direkt nach der intensiven Fastenphase beobachten. Noch ausgeprägter sind die Effekte, wenn Sie konsequent alle Phasen durchlaufen. Aber Vorsicht – bei so viel mehr »Gesundheit« müssen natürlich Ihre Medikamente unbedingt angepasst bzw. reduziert werden. Besonders wichtig ist das für Typ-2-Diabetiker, die Insulin spritzen – denn ohne entsprechende Reduktion droht der gefährliche Unterzucker!

Selbst wenn Ihr Stoffwechsel (noch) keine nennenswerten Entgleisungen aufzeigt, besitzt die kompetente Betreuung viele Vorteile: Sie haben bei allen individuellen Fragen einen erfahrenen Ansprechpartner, erhalten wichtige Tipps sowie individuelle Ratschläge – ideale Voraussetzungen, damit die erzielten positiven gesundheitlichen Effekte lange andauern und keine »Eintagsfliegen« sind.

Neben zahlreichen Bodymed-Zentren bieten viele selbstständige Ärzte und Ernährungsberater ein betreutes Leberfasten mit HEPAFAST® an. Ein sogenanntes Leberfasten-Zentrum in Ihrer Nähe finden Sie unter www.leberfasten.com.

Hinweis zu den Gemüsemahlzeiten Sie starten bald mit der intensiven Fastenphase mit dem HEPAFAST®-Shake oder sind gerade schon dabei? Perfekt, wir haben hier noch ein paar nützliche Informationen sowie leckere 200-kcal-Rezepte für Ihre täglichen Gemüsemahlzeiten (Seite 110) zu Ihrem Shake zusammengestellt. Ob Sie Ihr Gemüse zu einer Mahlzeit genießen oder auf zwei Mahlzeiten am Tag aufteilen (zweimal 100 kcal), bleibt Ihnen frei überlassen. Idealerweise sollen Sie erst das Gemüse und anschließend Ihren HEPAFAST®-Shake genießen.

Gerne können Sie die Mahlzeit auch etwas ausdehnen, mehr als eine Stunde sollte jedoch nicht zwischen dem Verzehr des Gemüses und dem Shake liegen. Generell sollten zwischen den drei Hauptmahlzeiten mit dem HEPAFAST®-Shake jeweils ca. 4 Stunden liegen, in denen Sie nichts essen, sondern reichlich Mineralwasser und (ungesüßten) Tee trinken. So fördern Sie Ihre Fettverbrennung optimal.

Sie werden überrascht sein, wie viel Gemüse Sie essen können, denn: Gemüse ist sehr wasserreich und liefert kaum Kalorien. Gleichzeitig versorgt es Sie mit vielen wichtigen Vitaminen, Mineral- und Ballaststoffen.

Und das Beste: Sie können selbstverständlich täglich frei wählen zwischen gedünstetem Gemüse, Suppe, Salat, Backofengericht oder Rohkost mit Dip. Lassen Sie sich auch von den nachfolgenden Rezeptideen inspirieren.

Kaloriengehalt verschiedener Gemüsesorten

Gemüse, roh, verzehrfertig	Energiegehalt in kcal pro 100 g	Gemüseportion in g entsprechend 100 kcal	Gemüseportion in g entsprechend 150 kcal
Aubergine	21	480	710
Bambussprossen	23	440	650
Blattsalat	16	630	940
Blattspinat	22	460	690
Blumenkohl	28	360	540
Brokkoli	34	300	440
Champignons	24	420	630
Chicorée	20	500	750
Chinakohl	16	630	940
Fenchel	23	440	650
Gurke	14	720	1070
Kohlrabi	28	360	540
Kürbis	29	350	520
Lauch	29	350	520
Karotte	39	260	390

Gemüse, roh, verzehrfertig	Energiegehalt in kcal pro 100 g	Gemüseportion in g entsprechend 100 kcal	Gemüseportion in g entsprechend 150 kcal
Paprika (gelb)	37	270	410
Paprika (rot)	43	230	350
Radieschen	17	590	880
Rettich	18	560	830
Rote Bete (roh)	47	210	320
Sojasprossen	59	170	250
Staudensellerie	21	480	710
Tomaten	20	500	750
Weißkohl	30	330	500
Zucchini	23	440	650

Rohkostvariationen In der nachstehenden Tabelle können Sie ganz einfach ablesen, wie viel Kalorien Ihnen 100 g der aufgeführten Gemüsesorten liefern bzw. welche Portionsgröße 100 kcal entspricht. Möchten Sie bei Ihrer Zubereitung 1 TL Öl oder Butter oder 1 EL Frischkäse zum Verfeinern verwenden, so orientieren Sie sich an der Gemüsemenge, die 150 kcal entspricht, um im Rahmen der 200 kcal pro Tag zu bleiben. Die Menge bezieht sich immer auf das geputzte, rohe Gemüse.

Natürlich steht es Ihnen auch völlig frei, verschiedene Gemüsesorten zu kombinieren.

Für 100 kcal können Sie beispielsweise knabbern:

1 Bund Radieschen (150 g) + 1 große Karotte (160 g) + 125 g Cocktailtomaten

oder 1 kleine Gurke (250 g) + 1 mittelgroße Paprika (160 g)

Zaubern Sie sich für zusätzliche Abwechslung und schmackhafte Ergänzung zu Ihrer Rohkost auch mal einen würzigen Dip – ganz nach Ihrem Gusto. Wählen Sie hierfür einfach Gemüse mit einem Energiegehalt von 100 kcal aus und genießen Sie es mit Ihrem neuen Lieblingsdip.

Wählen Sie dafür einfach nach Ihrem Geschmack aus.

Als Basis: 100 Quark oder körniger Frischkäse bzw. 150 g Joghurt

Zum Verfeinern – je 1 TL: Senf, Tomatenmark oder Meerrettich

Für das »gewisse Etwas«: Kräuter wie Petersilie, Schnittlauch, Dill oder eine klein gehackte Lauchzwiebel, Knoblauch oder Schalotte

Ideen für köstliche Dips

Körniger Frischkäse-Senf-Dip:
100 g körnigen Frischkäse mit 1 TL Senf und gehacktem Schnittlauch vermengen, mit Salz und Pfeffer abschmecken.

Meerrettich-Dill-Dip:
150 g Joghurt mit 1 TL Meerrettich und gehacktem Dill cremig rühren.

Joghurt-Zaziki-Dip:
100 g Quark, 50 g geraspelte Gurke und 1 gepresste Knoblauchzehe vermengen und mit Salz und Pfeffer würzen.

Die Rezepte

Wenig Aufwand, aber viel Genuss – das ist die Devise bei unseren praxiserprobten Power-Rezepten für die Leber.

FRÜHSTÜCK

Wählen Sie jeden Tag zwischen köstlichen süßen oder herzhaften Frühstücksideen. Wenn Sie sich für eine Scheibe Low-Carb-Haferbrot (Seite 68) oder ein Brötchen (Seite 66) entscheiden, können Sie beispielsweise einen dieser Beläge wählen, um im Rahmen der 300 kcal und mindestens 25 g Eiweiß pro Mahlzeit zu bleiben:

Low-Carb-Belag-Ideen für Brot und Brötchen: Für jeweils 1 Portion + Gemüse nach Wahl für 50 kcal (siehe Tabelle S. 55)

»It's Veggie-Time«: 1 geh. TL Kräuterfrischkäse plus 2 weich gekochte Eier

»Wir lieben es herzhaft«: 2 geh. TL Frischkäse, 1 TL Tomatenmark, 1–2 Scheiben Kochschinken (30 g), 1 gekochtes Ei

Hinweis Die Temperaturangaben für den Backofen beziehen sich immer auf Ober-/Unterhitze.

« Fruchtiger Beeren-Shake (Seite 62)

Erfrischender Trinkgenuss

Fruchtiger Beeren-Shake

Pro Portion 300 kcal – 16 g KH

Für 2 Portionen

10 Min.

150 g Beeren, z. B. Erdbeeren, Heidelbeeren, Himbeeren • 300 g Quark • 300 ml Milch • 2 EL Leinsamen • 1 leicht geh. TL Honig • 1 Prise Zimt • gem. Vanille

- Beeren waschen, ggf. putzen und grob zerkleinern.
- Alle Zutaten in ein hohes Gefäß geben und fein pürieren.
- Mit Zimt und Vanille würzen.

Nährwerte:

300 kcal • 26 g E • 16 g K • 14 g F • 4 g Ba
Energiedichte: 89 kcal/100 g

Tipp Wenn's schnell gehen soll: Verwenden Sie tiefgefrorene Beeren.

Mit süßen Früchtchen

Kokos-Ricotta-Creme

Pro Portion 300 kcal – 13 g KH

Für 2 Portionen

10 Min.

125 g Ricotta • 300 g Quark • 1 geh. TL Honig • etwas Mineralwasser • gem. Vanille • 100 g Beeren, z. B. Erdbeeren, Heidelbeeren, Himbeeren • 8 TL Kokosraspeln

- Ricotta, Quark und Honig cremig rühren, nach Belieben wenig Mineralwasser unterheben, mit Vanille würzen. Beeren waschen, verlesen, ggf. klein schneiden.
- Creme auf zwei Schüsseln aufteilen.
- Beeren unter die Creme heben und je 4 TL Kokosraspeln über jede Schüssel streuen.

Nährwerte:

300 kcal • 25 g E • 13 g KH • 21 g F • 2 g Ba
Energiedichte: 127 kcal/100 g

Tipp Geben Sie noch etwas Zimt darüber.

Noch nie war lecker so einfach

Blitz-Beerenquark

Pro Portion 300 kcal – 16 g KH

Für 2 Portionen

5 Min.

400 g Quark • etwas Mineralwasser • 1 Prise Zimt • gem. Vanille • 150 g Beeren, z. B. Erdbeeren, Heidelbeeren, Himbeeren • 2 EL Haferflocken • 8 kleine Walnusshälften

- Quark cremig rühren, nach Belieben wenig Mineralwasser unterheben, mit Zimt und Vanille würzen.
- Beeren waschen, verlesen, ggf. klein schneiden.
- Quark auf zwei Schüsseln aufteilen, Beeren und Haferflocken darüberstreuen. Walnusskerne in Stücke brechen und darüber verteilen.

Nährwerte:

300 kcal • 28 g E • 16 g KH • 17 g F • 5 g Ba
Energiedichte: 118 kcal/100 g

Lecker-leichtes Frühstück

Quarkcreme mit Apfelstücken

Pro Portion 300 kcal – 16 g KH

Für 2 Portionen

15 Min.

250 g Quark • 200 g körniger Frischkäse • etwas Mineralwasser • 1 TL Honig • gem. Vanille • 1 kleiner Apfel • 1 Prise Zimt

- Quark mit Frischkäse cremig rühren, nach Belieben wenig Mineralwasser unterheben, mit Honig und Vanille würzen.
- Apfel waschen, Kerngehäuse entfernen und in Würfel schneiden.
- Quark auf zwei Schüsseln aufteilen, Apfel unterheben, mit Zimt bestreuen.

Nährwerte:

300 kcal • 28 g E • 16 g KH • 11 g F • 1 g Ba
Energiedichte: 99 kcal/100 g

Tipp Wenn Sie mal Lust auf etwas Warmes haben: Dünsten Sie den klein geschnittenen Apfel einfach ohne Fett in der Pfanne an und würzen ihn mit Zimt.

La Dolce Vita am Morgen

Beeren-Eierkuchen mit Ricotta-Creme

Pro Portion 300 kcal – 13 g KH

Für 2 Portionen

20 Min.

Für die Ricotta-Creme:

125 g Ricotta • 100 g Quark • 1 geh. TL Honig • gem. Vanille • etwas Mineralwasser • Zimt

Für die Eierkuchen:

100 g gemischte Beeren • 2 Eier • 2 EL Milch • 2 EL Mandelmehl • 1 Prise Salz • 1 TL Butter

- Ricotta mit Quark, Honig, Vanille und wenig Mineralwasser cremig rühren.

- Beeren ggf. klein schneiden. Eier mit Milch, Mandelmehl und 1 Prise Salz in einem Mixer cremig aufschlagen.

- Hälfte der Butter in einer Pfanne erhitzen. Hälfte der Eimasse hineingeben und verteilen, mit der Hälfte der Beeren belegen. Zugedeckt bei mittlerer Hitze ca. 5–6 Min. garen, bis der Eierkuchen an der Oberfläche gestockt ist. Vorgang mit dem 2. Eierkuchen wiederholen. Mit der Ricotta-Creme anrichten, mit Zimt bestreuen.

Nährwerte:

300 kcal • 26 g E • 13 g KH • 21 g F • 3 g Ba
Energiedichte: 134 kcal/100 g

Ungewöhnlich lecker

Bananen-Pfannkuchen mit Erdbeer-Quark

Pro Portion 300 kcal – 16 g KH

Für 2 Portionen

20 Min.

Für den Quark:

50 g Erdbeeren • 200 g Quark • 100 g Ricotta • gem. Vanille • Zimt nach Belieben

Für die Pfannkuchen:

1 reife Banane • 2 Eier • 1 TL Butter

- Erdbeeren waschen, putzen und klein schneiden. Quark und Ricotta cremig rühren, mit Vanille und Zimt würzen. Erdbeeren unterheben.

- Banane in Stücke schneiden, mit den Eiern pürieren. ¼ der Butter in einer kleinen Pfanne (Durchmesser 20 cm) erhitzen, ¼ des Teiges hineingeben, gut verteilen. Abgedeckt bei mittlerer Hitze ca. 4 Min. bräunen. Vorsichtig umdrehen und von der anderen Seite nochmals abgedeckt 3–4 Min. bräunen. Mit den restlichen Zutaten wiederholen.

- Pfannkuchen mit dem Ricotta-Quark füllen. Nach Belieben noch mit Zimt bestreuen.

Nährwerte:

300 kcal • 25 g E • 16 g KH • 19 g F • 1 g Ba
Energiedichte: 113 kcal/100 g

Beeren-Eierkuchen mit Ricotta-Creme

Perfekt für unterwegs

Hafer-Pancakes mit Beeren-Quark

Pro Portion 300 kcal – 16 g KH

Für 2 Portionen

25 Min. + 15 Min. Ruhezeit

Für die Pancakes:

2 Eier • 150 g Quark • 2 EL Haferkleie • 1 EL gem. Mandeln • 1 geh. TL Honig • 1 geh. TL Butter

Für den Quark:

100 g Quark • etwas Mineralwasser • ½ TL Honig • 75 g Beeren • gem. Vanille • Zimt

- Eier mit 150 g Quark, Haferkleie, Mandeln und Honig gut verrühren, ca. 15 Min. quellen lassen.
- 100 g Quark mit Mineralwasser cremig rühren. Beeren ggf. klein schneiden. Honig und Beeren unterheben, nach Belieben pürieren. Mit Vanille würzen.
- ¼ der Butter in einer kleinen Pfanne erhitzen, ¼ des Teiges hineingeben. Abgedeckt bei mittlerer Hitze 2–3 Min. bräunen. Dann wenden und 2–3 Min. bräunen. Vorgang wiederholen, bis der Teig verarbeitet ist. Pfannkuchen mit Quark anrichten. Mit Zimt bestreuen.

Nährwerte:

300 kcal • 27 g E • 16 g KH • 18 g F • 3 g Ba
Energiedichte: 153 kcal/100 g

Perfekte kleine Low-Carb-Brötchen

Hafer-Quark-Brötchen

Pro Brötchen: 140 kcal – 8 g KH

Für 6 Brötchen

10 Min. + 45 Min. Backzeit

250 g Quark • 40 g Kerne nach Belieben, wie Kürbis-, Pinien-, Sonnenblumenkerne • 1 gute Prise Salz • 2 EL geschroteter Leinsamen • 3 EL Haferflocken • 3 EL Haferkleie • 1 EL Flohsamenschalen • 2–3 EL Milch

- Backofen auf 175 Grad vorheizen. Backblech mit Backpapier auslegen.
- Alle Zutaten in eine Schüssel geben und gut vermengen.
- Hände befeuchten. 6 Kugeln formen und ca. 45 Min. backen.

Nährwerte:

140 kcal • 9 g E • 8 g KH • 8 g F • 3 g Ba
Energiedichte: 215 kcal/100 g

Tipp Genießen Sie doch zu einem Brötchen ein Champignon-Käse-Rührei: Einfach 3 Champignons (60 g) klein geschnitten in 1 TL Butter anbraten und 1 verquirltes Ei dazugeben und stocken lassen (Nährwerte gesamt: 300 kcal, 25 g E, 24 g F, 9 g KH).

Hafer-Quark-Brötchen

Getoastet besonders fein

Low-Carb-Haferbrot

Pro Scheibe 130 kcal – 2 g KH

Für 18 Scheiben

10 Min. + 50–55 Min. Backzeit

500 g Quark • 4 Eier • 125 g Haferkleie • 125 g Mandelmehl • 6 EL Leinsamen • 100 g Kerne nach Belieben, wie Kürbiskerne, Sonnenblumen etc. • 1½ EL Flohsamenschalen • 1 EL Olivenöl • 1 Päckchen Backpulver • Salz

- Backofen auf 170 Grad vorheizen.

- Quark mit den Eiern verrühren, übrige Zutaten nach und nach unterheben, für 15 Min. quellen lassen.

- Teig in eine Silikonbackform oder eine mit Backpapier ausgelegte Kastenform geben und ca. 50 Min. backen. Mit einem Zahnstocher probieren, ob der Teig gar ist.

Nährwerte:
130 kcal • 11 g E • 2 g KH • 8 g F • 3 g Ba
Energiedichte: 225 kcal/100 g

Tipp Lässt sich scheibenweise perfekt einfrieren.

Voller guter Omega-3-Fettsäuren

Gefülltes Lachs-Omelett

Pro Portion 300 kcal – 6 g KH

Für 2 Portionen

25 Min.

1 Handvoll Rucola • 1 Paprika • 4 Eier • 4 EL Milch • Salz • Pfeffer • Paprikapulver edelsüß + rosenscharf • 2 geh. TL Kräuterfrischkäse • 100 g Räucherlachs • 1 geh. TL Butter

- Rucola waschen, verlesen und trocken tupfen. Paprika waschen, putzen und in Streifen schneiden.

- 2 Eier aufschlagen, mit 2 EL Milch, Gewürzen und Kräutern verquirlen.

- ½ der Butter in einer Pfanne zerlassen, Eier hineingeben und bei mittlerer Hitze warten, bis das Ei stockt. Dann das Omelett vorsichtig wenden und abgedeckt bei geringer Hitze von der anderen Seite anbraten. Auf einen Teller geben, mit der Hälfte von Frischkäse, Lachs und Rucola belegen und aufrollen, ggf. durchschneiden.

- Vorgang mit den restlichen Zutaten wiederholen. Paprikasticks zu den Lachsomeletts genießen.

Nährwerte:
300 kcal • 28 g E • 6 g KH • 22 g F • 2 g Ba
Energiedichte: 117 kcal/100 g

Gefülltes Lachs-Omelett

Diese Kugeln schmecken nach mehr

Mediterrane Powerballs

Pro Powerball: 120 kcal – 6g KH

Für 6 Powerballs

20 Min. + 20 Min. Backzeit

½ kleine Zucchini • Salz • 1 kleine Karotte • 2–3 getr. Tomaten • 1 Ei • 100 g Quark • 5 EL ger. Parmesan • 1 EL Tomatenmark • 15 g Kerne nach Belieben (z. B. Kürbiskerne, Pinienkerne) • 3 EL Flohsamenschalen • 3 EL Haferflocken • 3 EL Mandelmehl • Salz • Pfeffer • Nach Belieben ital. Kräuter und Chili

- Backofen auf 200 Grad vorheizen. Backblech mit Backpapier auslegen.
- Zucchini waschen, fein raspeln und in ein Sieb geben. Mit etwas Salz bestreut Wasser ziehen lassen. In der Zwischenzeit Karotte schälen, fein raspeln. Tomaten klein würfeln. Zucchini portionsweise mit den Händen ausdrücken.
- Gemüse in eine große Schüssel geben. Restliche Zutaten hinzufügen und alles gut vermengen. Kräftig würzen.
- Hände befeuchten. 6 Kugeln formen. Circa 20 Min. backen, auskühlen lassen.

Nährwerte:

120 kcal • 9 g E • 6 g KH • 5 g F • 5 g Ba
Energiedichte: 149 kcal/100 g

Einfach kann so köstlich sein

Tomaten-Mozzarella-Rührei

Pro Portion 300 kcal – 5 g KH

Für 2 Portionen

20 Min.

5 Eier • 3 EL Milch • Salz • Pfeffer • Paprikapulver edelsüß + rosenscharf • 10 Cocktailtomaten • ½ Kugel Mozzarella • 1 geh. TL Butter • 3 Basilikumblätter

- Eier in einer Schüssel aufschlagen, Milch und Gewürze dazugeben und gut verquirlen. Tomaten waschen, halbieren. Mozzarella in Würfel schneiden.
- Butter in einer Pfanne erhitzen. Eiermasse dazugeben, bei mittlerer Hitze etwas stocken lassen, dabei mit einem Pfannenwender vorsichtig am Pfannenboden entlang rühren.
- Tomaten und Mozzarella dazugeben und vorsichtig mit dem Pfannenwender vermischen, das Rührei nicht zu trocken werden lassen.
- Basilikumblätter in Streifen schneiden und Rührei damit bestreuen.

Nährwerte:

300 kcal • 25 g E • 5 g KH • 24 g F • 1 g Ba
Energiedichte: 134 kcal/100 g

Tomaten-Mozzarella-Rührei

HAUPTGERICHTE

Nachstehend finden Sie 26 köstliche Gerichte mit 500 kcal, mindestens 25 g Eiweiß und gleichzeitig maximal 16 g Kohlenhydraten pro Portion. Hier kommt nie Langeweile auf! Wählen Sie jeden Tag ganz nach Ihrem Gusto ein Gericht – ob mit Fleisch, Fisch oder als vegetarischer Genuss. Gekocht wird mit ganz normalen Zutaten, die Sie in jedem Supermarkt finden. Wir sind uns sicher: Auch Sie werden hier neue Lieblingsgerichte finden! Erfreuen Sie sich an Rezepten, die ebenso Gästen wie der ganzen Familie schmecken.

« Feta im Sesammantel auf Salat (Seite 74)

Für Schafskäse-Liebhaber

Feta im Sesammantel auf Salat

Pro Portion 500 kcal – 12 g KH

Für 2 Portionen

20 Min. + 15 Min. Backzeit

Für den Schafskäse:

- 1 Ei
- 2½ EL gem. Mandeln
- 1 TL Kräuter der Provence
- Paprikapulver edelsüß + rosenscharf
- 2½ EL Sesam
- 150 g Schafskäse

Für den Salat:

- 100 g Salat, z. B. Lollo rosso
- 1 Ei
- 1 Karotte
- ¼ Salatgurke
- 5 Mini-Rispentomaten

Für das Dressing:

- 1 EL saure Sahne
- 2 EL Joghurt
- 1 TL Olivenöl
- 2 TL Kräuteressig
- 1 TL Senf
- Salatkräuter
- Salz
- Pfeffer

Backofen auf 220 Grad vorheizen. Backblech mit Backpapier auslegen. Drei Teller hinrichten. In dem ersten 1 Ei verquirlen, pfeffern. Im zweiten Mandeln mit den Kräutern vermischen. Auf den dritten den Sesam geben.

Schafskäse in ca. 6 Teile teilen. Zuerst ins Ei geben, bis er rundherum damit bedeckt ist. Dann in den gemahlenen Mandeln wälzen, erneut durchs Ei ziehen und zuletzt im Sesam wälzen. Alles etwas andrücken und aufs Backblech legen. Für 15 Min. backen, nach 7 Min. einmal wenden.

Inzwischen das zweite Ei 5–7 Min. kochen, abschrecken. Salat waschen, putzen und trocken schleudern, auf zwei Teller verteilen. Karotte schälen, raspeln. Gurke waschen und in Scheiben schneiden. Tomaten waschen und halbieren. Ei pellen, in Scheiben schneiden. Gemüse und Ei auf den zwei Salattellern verteilen.

Für das Dressing alle Zutaten gut mischen. Dressing über den Salat geben und Schafskäse darauf verteilen.

Nährwerte:

500 kcal • 26 g E • 12 g KH • 42 g F • 7 g Ba
Energiedichte: 132 kcal/100 g

So schmeckt der Sommer

Marinierter Zucchinisalat mit Mozzarella

Pro Portion 500 kcal – 10 g KH

Für 2 Portionen

15 Min. + 20 Min. Garzeit

2 Zucchini • 8 Blätter Basilikum • 3 TL Olivenöl • 2 EL Zitronensaft • 1 Prise Chili • Salz • Pfeffer • ½ TL Gemüsebrühe • 2 Kugeln Mozzarella • 3 getr. Tomaten • 8 Walnusshälften

- Ofen auf 200 Grad vorheizen. Backblech mit Backpapier auslegen.

- Zucchini mit einem Gemüsehobel in Scheiben schneiden, auf dem Backblech ausbreiten und 10 Min. backen. Dann die restlichen Zucchinischeiben backen.

- Für die Marinade Basilikumblätter klein schneiden und alle anderen Zutaten in einer kleinen Schüssel gut verrühren.

- Zucchinischeiben in eine große Schüssel geben und mit der Marinade vermengen. Mozzarella würfeln, getrocknete Tomaten klein schneiden, Walnusskerne in Stücke brechen und alles unterheben. Salat auf zwei Teller verteilen.

Nährwerte:

500 kcal • 28 g E • 10 g KH • 42 g F • 3 g Ba
Energiedichte: 127 kcal/100 g

Mit köstlichem Schafskäse überbacken

Buntes Ofengemüse

Pro Portion 500 kcal – 12 g KH

Für 2 Portionen

20 Min. + 25 Min. Garzeit

1 kleine Aubergine • 1 Zucchini • 1 Paprika • 1 Karotte • 150 g Champignons • Kräuter der Provence • Paprikapulver edelsüß + rosenscharf • Salz • Pfeffer • 3 EL Olivenöl • 150 g Schafskäse • 100 g körniger Frischkäse

- Backofen auf 220 Grad vorheizen.

- Aubergine, Zucchini und Paprika grob in mundgerechte Stücke schneiden. Karotte schälen und in kleine Stücke schneiden. Champignons putzen, halbieren oder vierteln. Alles in eine Auflaufform geben.

- Gewürze und Olivenöl darüber verteilen und alles gut durchmischen. Für ca. 20 Min. im Ofen garen.

- In der Zwischenzeit Schafskäse zerkrümeln und mit dem Frischkäse vermengen, mit Pfeffer und wenig Salz würzen. Schafskäse-Frischkäse-Masse über dem Gemüse verteilen. Nochmals ca. 10 Min. im Ofen überbacken.

Nährwerte:

500 kcal • 25 g E • 12 g KH • 39 g F • 6 g Ba
Energiedichte: 88 kcal/100 g

Spargel mal ganz anders genießen

Knusprige Spargelstangen

Pro Portion 500 kcal – 9 g KH

Für 2 Portionen

20 Min. + 20–25 Min. Backzeit

1 Ei • Pfeffer • 60 g Parmesan • 4½ EL gem. Mandeln • Kräuter der Provence • Paprikapulver edelsüß • Chili • 400 g grüner Spargel • 250 g Quark • 1 Knoblauchzehe • Salz • Pfeffer • ital. Kräuter

- Backofen auf 225 Grad vorheizen. Backblech mit Backpapier auslegen. Auf einem Teller Ei verquirlen, pfeffern. Für den zweiten Teller Parmesan reiben. Mit gemahlenen Mandeln, Kräutern und Gewürzen mischen.

- Spargel waschen, trocken tupfen, die holzigen Enden abschneiden. Das untere Drittel schälen. Spargel durch die Eimasse ziehen, in der Mandel-Parmesan-Mischung wenden. Dann auf dem Backblech auslegen. Die restliche Panade darüber verteilen. Circa 15–20 Min. backen.

- Quark cremig rühren. Knoblauch pressen und unterheben. Mit Gewürzen abschmecken. Dip zu den Spargel-Pommes servieren.

Nährwerte:

500 kcal • 37 g E • 9 g KH • 31 g F • 5 g Ba
Energiedichte: 113 kcal/100 g

Für leichte Genussmomente

Gemüse-Mozzarella-Lasagne

Pro Portion 500 kcal – 12 g KH

Für 2 Portionen

20 Min. + ca. 30 Min. Backzeit

4 Eier • 1 Zucchini • 1 Karotte • Salz • Pfeffer • Paprikapulver edelsüß • 1 Dose gehackte Tomaten • Kräuter der Provence • 1 Prise Zucker • Chili • 1 Kugel Mozzarella • 6 EL ger. Parmesan

- Backofen auf 200 Grad vorheizen.

- Eier mit einem Rührgerät cremig schlagen. Zucchini putzen. Karotte schälen. Beides nicht zu fein raspeln und zu den Eiern geben. Mit Salz, Pfeffer und Paprikapulver würzen. Backblech mit Backpapier auslegen. Eiermasse darauf glattstreichen. Circa 12 Min. backen.

- Tomaten mit Kräutern der Provence, Salz, Pfeffer, Zucker und Chili würzen. Mozzarella in feine Scheiben schneiden. Eierplatte aus dem Ofen nehmen. Abgekühlt in Stücke schneiden. Die Hälfte in eine Auflaufform legen, mit Sauce bestreichen, Mozzarella darauf verteilen, Vorgang wiederholen. Mit Parmesan bestreut 15 Min. überbacken.

Nährwerte:

500 kcal • 33 g E • 12 g KH • 30 g F • 4 g Ba
Energiedichte: 78 kcal/100 g

Gemüse-Mozzarella-Lasagne

Die Spinat-Ricotta-Füllung sorgt für das gewisse Etwas

Auberginen-Spinat-Lasagne

Pro Portion 500 kcal – 14 g KH

Für 2 Portionen

25 Min. + 40 Min. Backzeit

- 2 große Auberginen
- Salz
- 400 g TK-Spinat
- 1 Knoblauchzehe
- 10 EL ger. Parmesan
- 125 g Ricotta
- 1 Dose gehackte Tomaten
- Kräuter der Provence
- Paprikapulver edelsüß
- Chili
- 1 Prise Zucker
- Pfeffer
- 1 Kugel Mozzarella
- 6 Basilikumblätter

● Backofen auf 220 Grad vorheizen. Auberginen waschen, putzen und in Scheiben schneiden. Beidseitig salzen und ca. 10 Min. Wasser ziehen lassen.

● Spinat in einem Topf bei mittlerer Hitze auftauen lassen, gelegentlich umrühren. Dann in einem Sieb abtropfen lassen und mit einer Gabel ausdrücken. Knoblauch fein hacken und mit dem Spinat in eine Schüssel geben. 4 EL Parmesan und Ricotta unter den Spinat heben.

● Auberginenscheiben mit einem Küchentuch abtupfen und auf einem Backblech mit Backpapier auslegen. Für 10 Min. im Backofen leicht bräunen. Vorgang ggf. mit restlichen Auberginenscheiben wiederholen. Anschließend die Temperatur des Backofens auf 180 Grad reduzieren.

● Gehackte Tomaten in einen Topf geben, Kräuter und Gewürze dazugeben und bei geringer Hitze aufgedeckt ca. 15 Min. einköcheln lassen. Mozzarella in dünne Scheiben schneiden.

● Wenig Tomatensauce auf den Boden der Auflaufform geben. ⅓ der Auberginenscheiben in der Form verteilen, Tomatensauce darübergeben und Ricotta-Spinat-Creme mit einem Löffel portionsweise darauf verteilen, Vorgang zweimal wiederholen. Mozzarella und restlichen Parmesan (6 EL) auf der Lasagne verteilen.

● 15–20 Min. überbacken, bis der Käse leicht gebräunt ist. Basilikum in feine Streifen schneiden und über die Lasagne streuen.

Nährwerte:

500 kcal • 34 g E • 16 g KH • 30 g F • 9 g Ba

Energiedichte: 57 kcal/100 g

Ein wahrer Augenschmaus

Gefüllte Champignons mit Rucola

Pro Portion 500 kcal – 12 g KH

Für 2 Portionen

20 Min. + 20 Min. Garzeit

300 g Champignons • Salz • Pfeffer • 2 Lauchzwiebeln • 2–3 getr. Tomaten • 100 g körniger Frischkäse • 1 geh. EL Kräuterfrischkäse • Paprikapulver edelsüß • Kräuter der Provence • 100 g Rucola • 1 EL Joghurt • 2 EL Wasser • 40 g Himbeeren • 3 TL Milch • 3 TL heller Balsamico • 3 TL Olivenöl • 1 TL Senf • Salatkräuter • 100 g Feta • 12 Walnusshälften

- Ofen auf 220 Grad vorheizen. Champignons putzen, Stiele entfernen, mit Salz und Pfeffer innen würzen, beiseitestellen. Stiele, getrocknete Tomaten und Lauchzwiebel fein würfeln. Mit den beiden Frischkäsen vermengen und würzen. Champignons füllen. In einer Auflaufform für 20 Min. backen.

- Rucola waschen und trocken schleudern. Joghurt und weitere Dressingzutaten mixen. Feta würfeln. Fertige Champignons auf den Rucola setzen, Feta, Walnüsse und Dressing auf dem Salat verteilen.

Nährwerte:

500 kcal • 26 g E • 11 g KH • 37 g F • 5 g Ba

Energiedichte: 118 kcal/100 g

Zum Reinknien lecker

Würziger Brokkoli-Käse-Auflauf

Pro Portion 500 kcal – 11 g KH

Für 2 Portionen

20 Min. + 15 Min. Backzeit

1 Brokkoli • Salz • 1 kleine Karotte • 1 rote Zwiebel • 1 Ei • 5 EL gem. Mandeln • 150 g ger. Mozzarella • 1 EL Senf • Paprikapulver edelsüß • Salz • Pfeffer • Chili • 1 TL Butter zum Einfetten

- Brokkoli in Röschen teilen. Strunk schälen, in kleine Würfel schneiden. In Topf mit Wasser bedecken, salzen, aufkochen und ca. 10 Min. garen. In ein Sieb geben, mit kaltem Wasser abschrecken und abtropfen lassen. Ofen auf 220 Grad vorheizen.

- Karotte schälen, fein raspeln. Zwiebel und Brokkoli fein hacken. Gemüse mit Ei und Mandeln in eine Schüssel geben. Mozzarella unter das Gemüse heben, gut vermengen, kräftig mit Senf, Paprika, Salz, Pfeffer und Chili würzen.

- Auflaufform mit Butter einfetten. Gemüse-Käse-Masse in der Form verteilen und im Ofen ca. 15 Min. backen.

Nährwerte:

500 kcal • 30 g E • 11 g KH • 36 g F • 9 g Ba

Energiedichte: 111 kcal/100 g

Herzhafte Mahlzeit für Genießer

Hähnchenbrust in Parmesansauce

Pro Portion 500 kcal – 10 g KH

Für 2 Portionen

20 Min. + ca. 20 Min. Garzeit

1 Brokkoli • 1 Knoblauchzehe • ½ mittelgroße Paprika • 4–5 getr. Tomaten • 1 EL Olivenöl • 2 Hähnchenbrüste à 180 g • 1 TL Gemüsebrühe • Pfeffer • 50 g Parmesan • 1 TL Senf • 2 EL Kräuterfrischkäse • 2 EL Frischkäse natur • Salz • Schnittlauch

- Brokkoli-Röschen bei mittlerer Hitze ca. 7 Min. bissfest garen. Knoblauch fein hacken. Paprika und Tomaten klein schneiden.

- Fleisch bei mittlerer Hitze von beiden Seiten je 6 Min. in Öl anbraten. Kurz vor Ende der Bratzeit Knoblauch, Tomaten und Paprika dazugeben. Mit Gemüsebrühe und Pfeffer würzen.

- Brokkoli aus dem Wasser nehmen, abgedeckt beiseitestellen. Parmesan reiben. Fleisch und Gemüse aus der Pfanne nehmen. Röststoffe mit 25 ml Wasser ablöschen, Hitze reduzieren. Mit Senf und Frischkäse mischen, salzen. Parmesan einrühren, kurz aufkochen. Mit Schnittlauch anrichten.

Nährwerte:

500 kcal • 62 g E • 10 g KH • 25 g F • 6 g Ba
Energiedichte: 89 kcal/100 g

Für Brokkoli-Liebhaber

Brokkoli-Hähnchen-Pfanne

Pro Portion 500 kcal – 11 g KH

Für 2 Portionen

25 Min. + 10 Min. Überbacken

1 Brokkoli • Salz • 400 g Hähnchenbrustfilet • 1 Zwiebel • 3–4 getr. Tomaten • 1 EL Olivenöl • 300 g gehackte Tomaten • Kräuter der Provence • Pfeffer • Paprikapulver edelsüß • Chili • 10 Basilikumblätter • 1 Kugel Mozzarella

- Brokkoli-Röschen teilen. Strunk schälen und würfeln. In Salzwasser 3 Min. bissfest garen, abschrecken. Fleisch in mundgerechte Stücke schneiden. Zwiebel fein hacken. Getrocknete Tomaten fein würfeln. Fleisch bei mittlerer Hitze ca. 6 Min. in Öl anbraten. Zwiebel und getrocknete Tomaten gegen Ende der Garzeit dazugeben. Mit gehackten Tomaten aufkochen, würzen. Basilikum in Streifen schneiden, Hälfte unterheben. Brokkoli unterheben.

- Mozzarella in Scheiben darüber verteilen. Abgedeckt bei geringer Hitze ca. 10 Min. überbacken. Mit restlichem Basilikum garnieren und pfeffern.

Nährwerte:

500 kcal • 66 g E • 11 g KH • 22 g F • 7 g Ba
Energiedichte: 75 kcal/100 g

Brokkoli-Hähnchen-Pfanne

Frisch und herzhaft

Parmesanschnitzel mit Rucola-Salat

Pro Portion 500 kcal – 10 g KH

Für 2 Portionen

20 Min. + 20–25 Min. Garzeit

1 Ei • Salz • Pfeffer • 60 g Parmesan • 6 EL gem. Mandeln • Kräuter der Provence • 2 Hähnchenbrustfilets à 150 g • 2 Handvoll Rucola • 300 g Cocktailtomaten • 1 kleine rote Zwiebel • 4 Blätter Basilikum • 1 EL Olivenöl • 2 EL Balsamicoessig • 1 TL Senf • 2 EL Milch • 1 TL Tomatenmark • Salatkräuter

- Ofen auf 190 Grad vorheizen. In einem Teller Ei verquirlen, pfeffern und salzen. Parmesan reiben und in zweitem Teller mit Mandeln und Kräutern mischen. Filets in Ei und Parmesanmischung wenden. In Auflaufform legen, restliche Panade darauf verteilen. 20–25 Min. backen.

- Rucola waschen und trocken schleudern. Tomaten halbieren. Zwiebel fein hacken. Basilikum in feine Streifen schneiden. In eine Schüssel geben.

- Öl und weitere Dressingzutaten mischen, über den Salat geben. Mit Fleisch anrichten.

Nährwerte:

500 kcal • 55 g E • 10 g KH • 28 g F • 4 g Ba
Energiedichte: 115 kcal/100 g

Der perfekte Fleisch-Genuss

Mediterrane Hackfleisch-Gemüse-Pfanne

Pro Portion 500 kcal – 14 g KH

Für 2 Portionen

20 Min.

1 Zwiebel • 1 Knoblauchzehe • 1 Karotte • 1 Paprika • 4–5 Champignons • 1 kleine Zucchini • 2 TL Olivenöl • 250 g Rinderhackfleisch • 1 EL Tomatenmark • Kreuzkümmel • Oregano • Paprikapulver edelsüß • Chili • Salz • Pfeffer • ½ Dose pass. Tomaten • 1 Prise Zucker • 75 g Schafskäse

- Zwiebel und Knoblauch fein hacken. Gemüse in kleine Stücke schneiden. Öl in einer Pfanne erhitzen. Hackfleisch anbraten, gegen Ende der Garzeit Tomatenmark, Zwiebel und Knoblauch dazugeben, unter Wenden mitbraten, kräftig würzen.

- Karotte und Paprika, in die Pfanne geben. Bei mittlerer Hitze anbraten. Zum Schluss die Champignons hinzugeben.

- Passierte Tomaten dazugießen, einmal aufkochen lassen und nochmals mit Gewürzen abschmecken, leicht köcheln lassen. Schafskäse würfeln und darüber verteilen.

Nährwerte:

500 kcal • 38 g E • 14 g KH • 33 g F • 6 g Ba
Energiedichte: 87 kcal/100 g

Feta gibt hier die köstlich-würzige Note

Feta-Hackfleisch-Bällchen mit Ratatouille

Pro Portion 500 kcal – 13 g KH

Für 2 Portionen

25 Min.

- 2 Schalotten
- 1 Knoblauchzehe
- ¼ Paprika
- 270 g Rinderhackfleisch
- 1 Ei
- 1 TL Senf
- Schnittlauch
- Petersilie
- Salz
- Pfeffer
- Chili
- 50 g Feta
- 1 geh. TL Olivenöl

Für das Ratatouille:

- 1 Knoblauchzehe
- 2 Schalotten
- 1 Karotte
- ½ kleine Zucchini
- 3 Champignons
- 1 TL Olivenöl
- 1 EL Tomatenmark
- ½ Dose gehackte Tomaten
- Paprikapulver edelsüß
- Chili
- Kräuter der Provence
- Salz
- Pfeffer
- 3 Basilikumblätter

Schalotten und Knoblauch fein hacken. Paprika fein würfeln. Hackfleisch mit Gemüse, Ei, Senf und Gewürzen gut verkneten, salzen und pfeffern.

Feta und Hackfleischmasse jeweils in 10 Teile aufteilen, in die Mitte je ein Stück Feta geben, Kugeln formen und zur Seite stellen.

Für das Ratatouille Knoblauch fein hacken. Schalotten in feine Streifen schneiden. Karotte schälen und in Scheiben schneiden. Zucchini halbieren und in Scheiben schneiden. Champignons putzen und vierteln.

1 TL Öl in einer Pfanne erhitzen. Schalotten und Knoblauch andünsten. Karotten, Zucchini und Champignons dazugeben, unter Wenden bei mittlerer Hitze anbraten. Tomatenmark, dann Tomaten hinzufügen mit Kräutern würzen. 10 Min. leicht köcheln lassen.

Bällchen in separater Pfanne in Öl bei starker Hitze ca. 3 Min. abgedeckt von beiden Seiten anbraten. Ratatouille mit Gewürzen abschmecken. Basilikum in feine Streifen schneiden und darüberstreuen.

Nährwerte:

500 kcal • 40 g E • 13 g KH • 35 g F • 5 g Ba
Energiedichte: 106 kcal/100 g

Lasagne in saftiger Hülle

Paprika mit Lasagnefüllung

Pro Portion 500 kcal – 16 g KH

Für 2 Portionen

25 Min. + 25 Min. Garzeit

1 kleine Zucchini • Salz • 4 Paprika • 1 Zwiebel • 1 Knoblauchzehe • 1 TL Olivenöl • 150 g Rinderhackfleisch • 1 EL Tomatenmark • 100 g gehackte Tomaten • Kräuter der Provence • Pfeffer • Chili • 4 Basilikumblätter • 125 g Ricotta • 6 EL ger. Parmesan • ½ Kugel Mozzarella

- Ofen auf 180 Grad vorheizen. Zucchini fein raspeln, in ein Sieb geben und salzen. Paprikadeckel abschneiden, entkernen.

- Zwiebel und Knoblauch fein hacken. Zwiebel, ½ des Knoblauchs und Hackfleisch in Öl anbraten. Tomatenmark und gehackte Tomaten, Kräuter und Gewürze hinzufügen, 10 Min. köcheln lassen.

- Basilikum in Streifen schneiden. Zucchini auspressen, mit Ricotta, Parmesan, Basilikum und übrigem Knoblauch mischen, salzen und pfeffern. Paprika mit Fleisch- und Ricotta-Sauce füllen. Mozzarella in Scheiben darübergeben. 20–25 Min. backen.

Nährwerte:

500 kcal • 36 g E • 16 g KH • 32 g F • 8 g Ba
Energiedichte: 74 kcal/100 g

Perfekt zum Mitnehmen

Köstliche Pizzarolle

Pro Portion 500 kcal – 4 g KH

Für 2 Portionen

20 Min. + 15 Min. Backzeit

120 g + 40 g ger. Gouda • 3 geh. EL Quark • 2 Eier • Salz • Pfeffer • 80 g Kochschinken • 4 Champignons • 1 Handvoll Rucola • 5 EL passierte Tomaten • ital. Kräuter • Salz • Pfeffer • 1 Prise Zucker • 3 Basilikumblätter

- Ofen auf 175 Grad vorheizen. 120 g Gouda mit Quark und Eiern verrühren, leicht salzen und pfeffern. Auf einem mit Backpapier ausgelegten Backblech verteilen. 15 Min. backen.

- Schinken würfeln, Champignons in dünne Scheiben schneiden. Rucola waschen. Tomaten mit Kräutern und Gewürzen mischen. Basilikum in feinen Streifen unter die Tomaten heben.

- Fertigen Boden mit der Sauce bestreichen, Rand aussparen. Mit Schinken und Champignons belegen. 40 g Gouda darüberstreuen. Für ca. 8 Min. backen.

- Rucola auf ausgekühlter Pizza verteilen und aufrollen. Dann Rolle halbieren.

Nährwerte:

500 kcal • 41 g E • 4 g KH • 34 g F • 1 g Ba
Energiedichte: 151 kcal/100 g

Köstliche Pizzarolle

Der Ofen erledigt die Arbeit

Gefüllte Spitzpaprika mit Salat

Pro Portion 500 kcal – 10 g KH

Für 2 Portionen

20 Min. + 20 Min. Garzeit

2–3 Spitzpaprika • 60 g Feta • 250 g Rinderhackfleisch • 1 TL Tomatenmark • Kreuzkümmel • Paprikapulver edelsüß + rosenscharf • Kräuter der Provence • Salz • Pfeffer • 1 EL Olivenöl • 2 Lauchzwiebeln • 1 kleine Gurke • 150 g Cocktailtomaten • 1 EL Zitronensaft • 2 EL Milch • 1 TL Senf • 1 EL Olivenöl • 1 Prise Zucker • Salatkräuter

- Ofen auf 200 Grad vorheizen. Paprika längs halbieren, entkernen. Stielansätze nicht entfernen.

- Feta würfeln. Die Hälfte mit Hackfleisch, Tomatenmark und Gewürzen verkneten. Paprika mit der Masse füllen. Übrigen Feta darüber verteilen. Mit Öl beträufeln und im Ofen ca. 20 Min. garen.

- Lauchzwiebeln in Ringe schneiden. Gurke schälen und in Scheiben schneiden. Tomaten halbieren. Zitronensaft und weitere Dressingzutaten gut vermischen. Salat zu den Paprikaschoten servieren.

Nährwerte:

500 kcal • 34 g E • 10 g KH • 38 g F • 5 g Ba
Energiedichte: 101 kcal/100 g

Für den besonderen Genussmoment

Feta-Quiche

Pro Portion 500 kcal – 9 g KH

Für 4 Portionen

25 Min. + 25–30 Min. Backzeit

1 große Zucchini • 1–2 TL Salz • 2 rote Zwiebeln • 1 Knoblauchzehe • 1 TL Olivenöl • 75 g magere Schinkenwürfel • 200 g gem. Mandeln • 3 TL Butter • 1 Ei • Salz • Pfeffer • 1 TL Butter zum Einfetten • 200 g Joghurt • 2 Eier • ital. Kräuter • Paprikapulver edelsüß • Chili • 75 g Feta

- Zucchini raspeln, in einem Sieb salzen. Ofen auf 180 Grad vorheizen. Zwiebeln und Knoblauch fein würfeln. Zwiebeln, Knoblauch und Schinken mit Öl andünsten. Abkühlen lassen.

- Mandeln, Butter und Ei durchkneten. Salzen und pfeffern. Quicheform mit Butter fetten. Teig darin verteilen, Rand formen. 10 Min. vorbacken.

- Zucchini ausdrücken, mit Joghurt und Eiern mischen. Zwiebeln, Knoblauch und Schinken dazugeben. Pfeffern, würzen und gut vermischen. Masse auf dem Teig verteilen, Feta darüberkrümeln. 25–30 Min. backen.

Nährwerte:

500 kcal • 29 g E • 9 g KH • 43 g F • 7 g Ba
Energiedichte: 191 kcal/100 g

Mit würzigem Rucolasalat

Zucchini-Flammkuchen

Pro Portion 500 kcal – 16 g KH

Für 2 Portionen

25 Min. + 25 Min. Backzeit

- 1 große Zucchini
- Salz
- 1 Ei
- 6 EL ger. Parmesan
- Oregano
- Paprikapulver edelsüß
- Pfeffer
- 1 TL Olivenöl
- 1 rote Zwiebel
- 75 g saure Sahne
- 75 g magere Schinkenwürfel
- 100 g Rucola
- 2–3 getr. Tomaten
- 30 g Walnüsse
- 3 EL heller Balsamico
- 2 EL Olivenöl
- 1 EL Milch
- 1 geh. TL Senf
- 1 TL Honig
- Salatkräuter
- Salz
- Pfeffer

Backofen auf 200 Grad vorheizen. Backblech mit Backpapier auslegen.

Zucchini raspeln, in ein Sieb geben und etwas salzen. Für 3 Min. in Wasser ziehen lassen, in ein Geschirrtuch geben und kräftig auspressen. Zucchini mit Ei und Parmesan in eine Schüssel geben und mit Oregano, Paprikapulver und Pfeffer würzen, gut vermengen.

Backpapier mit Olivenöl einpinseln und den Teig möglichst flach darauf verteilen. Für ca. 15 Min. backen.

Zwiebel in feine Streifen schneiden. Boden aus dem Ofen nehmen, mit saurer Sahne, Schinken und Zwiebel belegen. Anschließend noch mal bis zur gewünschten Bräunung ca. 10–15 Min. fertig backen.

Rucola waschen, trocken schleudern. Getrocknete Tomaten klein schneiden, Walnüsse in Stücke brechen. Alles in eine Schüssel geben. Balsamico und weitere Dressingzutaten in ein Schraubglas geben, verschließen und kräftig schütteln. Dressing über den Salat geben und gut vermengen. Salat auf zwei Teller aufteilen und Flammkuchen dazu genießen.

Nährwerte:

500 kcal • 26 g E • 16 g KH • 42 g F • 3 g Ba

Energiedichte: 131 kcal/100 g

Tipp Das Auspressen der Zucchini im Geschirrtuch ist wichtig – der Teig wird so besonders gut.

Ein Salat zum Sattessen

Thunfisch-Sommersalat

Pro Portion 500 kcal – 14 g KH

Für 2 Portionen

25 Min.

- 2 Eier
- 2 Dosen Thunfisch (je 150 g)
- 1 Paprika
- 1 rote Zwiebel
- 1 EL Olivenöl
- 1 geh. EL Kräuterfrischkäse
- 2 Tomaten
- 100 g Salat nach Wahl
- 10 grüne Oliven ohne Stein (in Wasser)

Für das Dressing:

- 3 EL dunkler Balsamico
- 3 EL Milch
- 2 EL Olivenöl
- 2 EL Wasser
- 1 geh. TL Senf
- 1 geh. TL Tomatenmark
- Salatkräuter
- Salz
- Pfeffer

- Eier ca. 7 Min. hart kochen, abschrecken und abkühlen lassen. Thunfisch abgießen, in eine Schüssel geben.

- Paprika in Würfel schneiden. Zwiebel fein würfeln. Beides zum Fisch geben, mit Öl und Frischkäse vermengen, salzen und pfeffern.

- Eier pellen und in Spalten schneiden. Tomaten in Spalten schneiden.

- Salat waschen, verlesen und trocken schleudern. Auf zwei Teller verteilen. Thunfischsalat, Tomaten, Eier und Oliven dazugeben.

- Zutaten für das Dressing gut vermischen, dann darüber verteilen.

Nährwerte:

500 kcal • 47 g E • 14 g KH • 31 g F • 5 g Ba

Energiedichte: 96 kcal/100 g

Ideal zum Vorbereiten

Mozzarella-Thunfisch-Wrap

Pro Portion 500 kcal – 8 g KH

Für 2 Portionen

20 Min. + 20 Min. Garzeit

2 Kugeln Mozzarella • ca. 200 ml Milch • 1 Dose Thunfisch • 2 Handvoll Rucola • 1 Tomate • ½ Paprika • 2 Lauchzwiebeln • 2 EL Kräuterfrischkäse • 1 El Zitronensaft • Salz • Pfeffer

- 1 Mozzarella mit Molke in Topf geben, Milch dazugeben, sodass er knapp bedeckt ist. Erhitzen, ab und zu drehen, bis er weich ist und anfängt, sich zu ziehen. Mozzarella herausnehmen und zwischen 2 Backpapieren dünn ausrollen. Oberes Backpapier entfernen, abkühlen lassen.

- Mit dem anderen Mozzarella wiederholen. Thunfisch in einem Sieb abtropfen lassen. Rucola waschen, putzen. Tomate und Paprika würfeln. Zwiebeln fein hacken. Thunfisch mit Frischkäse, Zitronensaft und Zwiebeln vermengen, salzen und pfeffern. Wraps füllen, von unten hochklappen und seitlich aufrollen.

Nährwerte:

500 kcal • 42 g E • 8 g KH • 31 g F • 2 g Ba
Energiedichte: 136 kcal/100 g

Tipp Es gibt auch Mozzarella-Wraps zu kaufen.

Schmeckt nach me(e)hr

Zucchini-Lachs-Salat

Pro Portion 500 kcal – 10 g KH

Für 2 Portionen

20 Min.

1 Zucchini • 125 g Cocktailtomaten • 3 getr. Tomaten • 2 Stk. Stremellachs à 125 g • 2 EL Balsamicoessig • 2 EL Milch • 1 EL Olivenöl • 1 EL Wasser • 1 geh. TL Senf • 1 TL Tomatenmark • Salatkräuter • Salz • Pfeffer • 50 g Schafskäse • 8 Walnusshälften

- Zucchini waschen, putzen und längs halbieren, in Scheiben schneiden. Tomaten waschen, halbieren oder vierteln. Getrocknete Tomaten würfeln. Stremellachs mit einer Gabel in mundgerechte Stücke teilen. Alles in eine Schüssel geben.

- Balsamico und weitere Dressingzutaten in ein Schraubglas geben, gut verschließen und kräftig schütteln. Über dem Salat verteilen und vermengen. Salat auf 2 Teller aufteilen, Schafskäse in Würfel schneiden und darüber verteilen. Walnusshälften in Stücke brechen und darüberstreuen.

Nährwerte:

500 kcal • 36 g E • 10 g KH • 39 g F • 3 g Ba
Energiedichte: 136 kcal/100 g

Mozzarella-Thunfisch-Wrap

Mit feinem Fenchelgemüse

Kabeljau-Schlemmerfilet

Pro Portion 500 kcal – 12 g KH

Für 2 Portionen

25 Min. + 20 Min. Backzeit

2 Kabeljaufilets à 150 g • 1 TL (für die Form) + 4 TL Olivenöl • Salz • Pfeffer • 6 EL ger. Parmesan • 3 EL gem. Mandeln • 4 EL Kokosflocken • 1 EL Zitronensaft • Kräuter n. B. • 1 geh. TL Senf • 1 Schalotte • 1 große Karotte • 1 Fenchelknolle • 1 TL Gemüsebrühe • 75 ml Wasser • 2 EL Frischkäse

- Ofen auf 200 Grad vorheizen. Fisch waschen, trocken tupfen, in gefettete Form legen, salzen und pfeffern. Parmesan, Mandeln, Kokosflocken, Zitronensaft, 3 TL Öl, Saft, Kräuter, Senf, Salz und Pfeffer vermengen. Panade auf den Fisch geben. 20 Min. backen.

- Schalotte fein hacken. Karotte in Scheiben, Fenchel in Spalten schneiden. Schalotte in Öl andünsten. Fenchel und Karotte anbraten, mit Brühe würzen, mit Wasser ablöschen. Zugedeckt bei mittlerer Hitze 10 Min. köcheln lassen. Frischkäse einrühren, aufgedeckt aufkochen lassen, mit Kräutern würzen.

Nährwerte:
500 kcal • 41 g E • 12 g KH • 35 g F • 8 g Ba
Energiedichte: 112 kcal/100 g

Schmeckt nach Urlaub

Saftiges Thunfischsteak

Pro Portion 500 kcal – 7 g KH

Für 2 Portionen

20 Min. + 15 Min. Garzeit

½ Zucchini • 1 Paprika • 4–5 Champignons • 1 rote Zwiebel • 1 Knoblauchzehe • 2 Thunfischfilets à 125 g • Kräuter der Provence • Paprikapulver edelsüß • Chili • Salz • Pfeffer • 2 EL Olivenöl • 2 geh. EL Frischkäse • 1–2 EL Milch • 1 geh. TL Senf • 2 EL Zitronensaft • 1 TL Dill

- Ofen auf 220 Grad vorheizen. Zucchini in Streifen schneiden, Paprika würfeln. Champignons putzen und vierteln. Zwiebel und Knoblauch fein hacken.

- Gemüse mittig auf 2 Stück Backpapier verteilen. Fisch abwaschen, trocken tupfen und je ein Filet auf das Gemüse legen. Mit Kräutern, Salz und Pfeffer würzen. Öl darüberträufeln. Päckchen mit Küchengarn verschließen oder zutackern und im Ofen 15 Min. garen.

- Frischkäse mit Milch, Senf und Zitronensaft mischen, mit Dill würzen, salzen und pfeffern. Thunfisch mit der Zitronen-Senf-Sauce servieren.

Nährwerte:
34 g E • 11 g KH • 38 g F • 4 g Ba
Energiedichte: 126 kcal/100 g

Saftiges Thunfischsteak

Ein Hingucker bei jedem Buffet

Lachs-Spinat-Rolle auf Rucolasalat

Pro Portion 500 kcal – 11 g KH

Für 2 Portionen

20 Min. + 10 Min. Backzeit + mind. 30 Min. Ruhezeit

- 250 g TK-Spinat
- 3 Eier
- 60 g ger. Käse, z. B. Gouda
- Salz
- Pfeffer

Für die Füllung:

- 150 g Kräuterfrischkäse
- 100 g Räucherlachs

Für den Salat:

- 100 g Rucola
- 150 g Cocktailtomaten
- 1 kleine rote Zwiebel
- 2 EL dunkler Balsamico
- 1 EL Olivenöl
- 2 EL Milch
- 1 EL Wasser
- 1 TL Tomatenmark
- 1 geh. TL Senf
- Salatkräuter

Backofen auf 200 Grad vorheizen. Spinat in einem Topf bei geringer Hitze auftauen, in einem Sieb abtropfen lassen, mit einer Gabel ausdrücken.

Eier schaumig rühren, Käse und Spinat dazugeben, kräftig würzen. Eimasse auf einem mit Backpapier ausgelegten Backblech verteilen. 10–12 Min. im Ofen backen, abkühlen lassen. Anschließend Frischhaltefolie über die Spinat-Eier-Platte legen und diese einmal umdrehen, Backpapier entfernen.

Spinat-Eier-Platte mit Frischkäse bestreichen, mit Lachs belegen, aufrollen und in Frischhaltefolie wickeln, mind. 30 Min. kalt stellen.

Rucola waschen, verlesen und trocken schleudern. Tomaten waschen und halbieren. Zwiebel schälen und fein hacken, alles in einer Schüssel vermengen. Balsamico und weitere Dressingzutaten gut verrühren und über den Salat geben. Salat auf zwei Teller verteilen.

Lachs-Spinat-Rolle in Scheiben aufschneiden und auf dem Salat verteilen.

Nährwerte:

500 kcal • 38 g E • 11 g KH • 37 g F • 5 g Ba
Energiedichte: 105 kcal/100 g

Tipp Die Lachs-Spinat-Rolle 1 Tag vorher zubereiten und mind. 5 Std. kalt stellen.

Eine wahre Augenweide

Sesamlachs mit Erbsenpüree

Pro Portion 500 kcal – 16 g KH

Für 2 Portionen

25 Min.

2 Schalotten • 1 TL Butter • 200 g TK-Erbsen • Salz • Pfeffer • 1 Prise Muskat • 2 gehäufte TL Kräuterfrischkäse • 2 Lachsfilets à 150 g • 1 EL Zitronensaft • 3 EL Sesam • 1 geh. TL Olivenöl

• Schalotten schälen, in feine Würfel schneiden. Butter in einem Topf erhitzen, Schalotten darin andünsten, Erbsen zufügen, ca. 5 Min. dünsten. Mit Salz, Pfeffer und Muskat würzen. Frischkäse zufügen, im Mixer fein pürieren.

• Lachs mit Zitronensaft beträufeln, salzen und pfeffern. Im Sesam wenden und in einer Pfanne im Öl bei mittlerer Hitze von beiden Seiten je ca. 3 Min. garen. Pfanne vom Herd nehmen und Lachs mit einem Deckel abgedeckt ruhen lassen. Den Sesamlachs mit Erbsenpüree anrichten.

Nährwerte:

500 kcal • 42 g E • 16 g KH • 34 g F • 7 g Ba

Energiedichte: 181 kcal/100 g

Tipp Ein besonderer Hingucker wird das Gericht, wenn Sie schwarzen und weißen Sesam verwenden.

Köstlicher als die Tiefkühl-Variante

Fischstäbchen mit Brokkolisalat

Pro Portion 500 kcal – 14 g KH

Für 2 Portionen

25 Min. + 5 Min. Garzeit

Für den Salat:

1 Brokkoli • 1 TL Gemüsebrühe • 2–3 getr. Tomaten • 2 EL Joghurt • 1 geh. EL Kräuterfrischkäse • 2–3 EL Milch • 1 TL Senf • 1 TL Sojasauce • Kräuter

Für den Fisch:

1 EL Mehl • 1 Ei • 3 EL Kokosflocken • 3 EL ger. Parmesan • 2 EL gem. Mandeln • 200 g Lachsfilet (ohne Haut) • Salz • Pfeffer • 2 TL Olivenöl

• Brokkoli in Röschen teilen. Strunk schälen und würfeln. In Brühe 5 Min. bissfest köcheln. In Sieb abtropfen lassen. Getrocknete Tomaten würfeln. Joghurt und weitere Dressingzutaten verrühren. Brokkoli lauwarm mit Dressing und Tomaten vermengen, zur Seite stellen.

• Mehl auf 1 Teller geben. Im zweiten Teller Ei verquirlen. Im dritten Kokosflocken, Parmesan und Mandeln mischen. Fisch in Stäbchen schneiden, salzen, pfeffern. In den Tellern wenden, in Öl goldbraun anbraten. Mit Salat servieren.

Nährwerte:

500 kcal • 37 g E • 14 g KH • 36 g F • 8 g Ba

Energiedichte: 113 kcal/100 g

KLEINE GERICHTE

Klein, aber oho! Ob als köstliches Gericht in der Mittagspause oder leichte Abendmahlzeit – genießen Sie täglich eines dieser 17 wunderbaren, kleinen Gerichte. Auch wenn sie alle nicht mehr als 300 kcal pro Portion mit sich bringen, stehen sie für wahre Genussmomente. Für Ihren wöchentlichen Turbo-Tag wählen Sie neben Ihrem Frühstück einfach zwei Gerichte aus dieser Kategorie. Ob Salat, Auflauf oder Pfannengericht – diese Rezepte sind auch allesamt schnell zubereitet.

« Zuccini-Taler mit Kräuterquark (Seite 98)

Fluffig-leicht

Zucchini-Taler mit Kräuterquark

Pro Portion 300 kcal – 7 g KH

Für 2 Portionen

25 Min.

1 Zucchini • 1 EL Salz • 80 g Feta • 1 Ei • Petersilie • Paprikapulver edelsüß • 2 EL Mandelmehl • Pfeffer • 2 TL Olivenöl • 125 g Quark • 1 TL Senf • Kräuter n. B. • Salz • Pfeffer

- Zucchini raspeln. In ein Sieb geben und mit Salz vermengen, ca. 5 Min. ziehen lassen. Feta zerkrümeln, mit Ei mischen und mit Petersilie und Paprikapulver würzen.

- Zucchini ausdrücken und mit Feta-Ei-Masse vermengen. Mehl nach und nach unterrühren, salzen und pfeffern.

- Backofen auf 60 Grad vorheizen. 1 TL Öl in einer Pfanne erhitzen, einige Löffel Zucchinimasse als Taler in die Pfanne geben und in ca. 5–7 Min. von beiden Seiten bei mittlerer Hitze abgedeckt anbraten. Fertige Taler im Ofen warm halten.

- Für den Dip Quark mit Senf cremig rühren, mit Kräutern, Pfeffer und Salz abschmecken.

Nährwerte:

300 kcal • 26 g E • 7 g KH • 22 g F • 4 g Ba

Energiedichte: 117 kcal/100 g

Wenn's mal schnell gehen muss

Fixer Kaisergemüse-Auflauf

Pro Portion 300 kcal – 11 g KH

Für 2 Portionen

15 Min. + 20 Min. Backzeit

450 g TK-Kaisergemüse • 4 Eier • 1 geh. EL Kräuterfrischkäse • 4 + 3 EL ger. Parmesan • 50 ml Milch • 2 TL Gemüsebrühe • Salz • Pfeffer • Schnittlauch

- Backofen auf 180 Grad vorheizen.

- Kaisergemüse vorher auftauen lassen oder in einem Topf in kochendem Wasser bei mittlerer Hitze ca. 10 Min. auftauen, in eine Auflaufform geben.

- Eier mit Frischkäse, 4 EL Parmesan und Milch mixen und mit Gemüsebrühe, Salz und Pfeffer würzen, über das Gemüse gießen. Im Ofen ca. 20 Min. stocken lassen.

- Beim Servieren mit Schnittlauch und 3 EL Parmesan bestreuen.

Nährwerte:

300 kcal • 26 g E • 11 g KH • 20 g F • 6 g Ba

Energiedichte: 84 kcal/100 g

Tipp Geben Sie das gefrorene Kaisergemüse am Vorabend in ein Sieb und lassen Sie es über Nacht auftauen. So können Sie es direkt am nächsten Tag verarbeiten.

Wie in Bella Italia

Zucchini-Cannelloni

Pro Portion 300 kcal – 12 g KH

Für 2 Portionen

20 Min. + 20–25 Min. Backzeit

- 1 Knoblauchzehe
- 125 g Ricotta
- 60 g körniger Frischkäse
- 4 EL ger. Parmesan
- 3 Basilikumblätter
- ital. Kräuter
- Paprikapulver edelsüß + rosenscharf
- Salz
- Pfeffer
- 1 große Zucchini
- ½ Tetra Pak passierte Tomaten
- ital. Kräuter
- ½ Kugel Mozzarella
- 4 EL ger. Parmesan
- 3 Basilikumblätter

Backofen auf 175 Grad vorheizen. Knoblauch fein hacken. Mit Ricotta, körnigem Frischkäse, Parmesan, Basilikum und Gewürzen zu einer cremigen Masse pürieren. Mit Salz und Pfeffer abschmecken.

Zucchini in dünne Scheiben hobeln. Auf ein mit Backpapier ausgelegtes Backblech legen, leicht salzen und im Ofen 5 Min. backen, kurz auskühlen lassen.

Tomaten mit Salz, Pfeffer und Kräutern würzen. Die Hälfte der Tomatensauce auf dem Boden der Auflaufform verteilen. Jeweils 1 EL Füllung auf die Zucchinischeiben geben und aufrollen. Mit dem Ende der Zucchinischeibe nach unten in die Auflaufform legen.

Übrige Zucchinischeiben in kleine Würfel schneiden und zwischen den Röllchen verteilen. Röllchen mit der restlichen Tomatensoße bedecken. Mozzarella in feine Scheiben schneiden, über den Röllchen verteilen. Die übrigen 4 EL geriebenen Parmesan darüberstreuen. Im Ofen 20–25 Min. überbacken. Basilikum in Streifen schneiden und zum Garnieren darüberstreuen.

Nährwerte:

300 kcal • 25 g E • 15 g KH • 22 g F • 3 g Ba

Energiedichte: 87 kcal/100 g

Mit einer guten Portion Cholin

Mediterranes Gemüse mit Spiegelei

Pro Portion 300 kcal – 9 g KH

Für 2 Portionen

25 Min.

½ Aubergine • Salz • 1 Zwiebel • 1 Knoblauchzehe • 1 kleine Zucchini • ½ Paprika • 1 Tomate • 1 TL Olivenöl • 1 TL Gemüsebrühe • Pfeffer • Petersilie • 8 EL ger. Parmesan • 1 TL Butter • 4 Eier • Schnittlauch

- Aubergine würfeln. In ein Sieb geben, salzen. Zwiebel und Knoblauch fein hacken. Zucchini in dünne Scheiben schneiden. Paprika und Tomate würfeln. Aubergine trocken tupfen.

- Zwiebeln und Knoblauch in Öl glasig anbraten. Paprika hinzufügen, nach 2 Min. Zucchini, Aubergine und Tomate dazugeben, mit Brühe und Pfeffer würzen. Bei starker Hitze 3 Min. anbraten. Petersilie darüberstreuen, abgedeckt weitere 3 Min. köcheln lassen. Herdplatte abschalten, Parmesan über Gemüse streuen. Abgedeckt ruhen lassen.

- Butter in Pfanne erhitzen, Eier ausbacken, salzen, pfeffern und mit Schnittlauch bestreuen.

Nährwerte:

300 kcal • 25 g E • 9 g KH • 23 g F • 4 g Ba

Energiedichte: 81 kcal/100 g

Für einen italienischen Genussmoment

Vegetarische Pizza

Pro Portion 300 kcal – 8 g KH

Für 2 Portionen

20 Min. + ca. 30 Min. Backzeit

1 große Zucchini • Salz • 50 g Mozzarella • 50 g Parmesan • 1 Ei • 5 EL pass. Tomaten • ital. Kräuter • Salz • Pfeffer • Chili • ¼ Paprika • 3 Champignons • 1 kleine Zwiebel • 75 g Mozzarella • 4 Basilikumblätter

- Ofen auf 220 Grad vorheizen. Zucchini raspeln, in ein Sieb geben und salzen. 10 Min. Wasser ziehen lassen.

- Mozzarella würfeln, Parmesan reiben. Zucchini in Küchentuch auswringen. Zucchini, Ei, Mozzarella und Parmesan zu einem Teig vermengen. Mit Backpapier auf einem Blech zu einem dünnen Boden ausrollen. 15–20 Min. backen.

- Passierte Tomaten mit Gewürzen und Kräutern würzen. Gemüse und übrigen Mozzarella (75 g) in Stücke schneiden. Die Temperatur auf 180 Grad reduzieren. Boden umdrehen und mit Tomatensauce, Gemüse und Käse belegen. 10–15 Min. backen. Mit Basilikum garnieren.

Nährwerte:

300 kcal • 26 g E • 8 g KH • 24 g F • 3 g Ba

Energiedichte: 92 kcal/100 g

Vegetarische Pizza

Zarter Chicorée in fein-würziger Sauce

Überbackener Chicorée mit Schinken

Pro Portion 300 kcal – 16 g KH

Für 2 Portion

20 Min. + 25–30 Min. Backzeit

500 g Chicorée • Salz • 1 dünne Stange Lauch • 4–5 Champignons • 150 ml Milch • 1 EL Mehl • 2 TL Olivenöl • 75 g Schinkenwürfel • 50 + 25 g ger. Gouda • 100 ml Wasser • 1 TL Gemüsebrühe • Pfeffer • Schnittlauch • Paprikapulver edelsüß • Petersilie

- Chicorée halbieren, Strünke wegschneiden. Für 2 Min. in Salzwasser kochen, abschrecken, abtropfen lassen. Backofen auf 200 Grad vorheizen. Lauch in Ringe, Champignons putzen und in Scheiben schneiden. Milch und Mehl gut mischen.

- Lauch in Öl andünsten, Champignons und Schinken dazugeben. Nach 2 Min. Milch-Mehl-Mischung angießen, unter Rühren aufkochen lassen. 50 g Käse dazugeben, schmelzen lassen. Wasser hinzugeben, mit Brühe, Gewürzen und Kräutern würzen. 2 Min. köcheln lassen.

- Chicorée in Auflaufform mit Sauce übergießen, mit Käse (25 g) bestreuen. 25–30 Min. überbacken.

Nährwerte:

300 kcal • 26 g E • 15 g KH • 19 g F • 7 g Ba
Energiedichte: 64 kcal/100 g

Wunderbares Blitz-Rezept

Schnelle Kassler-Gemüse-Pfanne

Pro Portion 300 kcal – 12 g KH

Für 2 Portionen

15 Min.

1 dünne Stange Lauch • 1 Paprika • 1 Karotte • 1 Zucchini • 250 g Kassler • 2 TL Olivenöl • 1 EL Tomatenmark • 1 TL Senf • 2 geh. TL Kräuterfrischkäse • Paprikapulver edelsüß + rosenscharf • Salz • Pfeffer • Schnittlauch

- Lauch halbieren und in Scheiben schneiden. Paprika würfeln. Karotte in Scheiben schneiden. Zucchini längs halbieren und in Scheiben schneiden. Kassler in mundgerechte Würfel schneiden.

- Öl in einer Pfanne mit hohem Rand erhitzen. Lauch, Paprika und Karotte anbraten, Tomatenmark und Senf dazugeben, kurz mitbraten. Kassler dazugeben und 3 Min. unter Rühren anbraten. Zucchini hinzufügen, bei mittlerer Hitze abgedeckt 5 Min. köcheln lassen, gelegentlich umrühren. Frischkäse unterheben, mit Gewürzen abschmecken. Mit Schnittlauch bestreut servieren.

Nährwerte:

300 kcal • 29 g E • 12 g KH • 14 g F • 6 g Ba
Energiedichte: 60 kcal/100 g

Schnelle Kassler-Gemüse-Pfanne

Ideal zum Vorbereiten und Mitnehmen

Würziger Spinat-Auflauf

Pro Portion 300 kcal – 9 g KH

Für 2 Portionen

20 Min. + 20 Min. Backzeit

250 g TK-Spinat • 3 Eier • 50 ml Milch • 4 EL + 2 EL ger. Parmesan • 2 geh. TL Kräuterfrischkäse • 1–2 TL Gemüsebrühe • Salz • Pfeffer • Paprikapulver edelsüß • Chili • Kräuter wie Schnittlauch • 1 TL Butter • 50 g Schinkenwürfel • 200 g Cocktailtomaten • 1 Lauchzwiebel • 1 EL Milch • 1 TL Olivenöl • 2 TL Kräuteressig • ½ TL Senf • Salatkräuter

• Backofen auf 180 Grad vorheizen. Aufgetauten Spinat abtropfen lassen. Eier, Milch, 4 EL Parmesan und Frischkäse in Schüssel geben. Brühe und Gewürze hinzufügen und schaumig schlagen. Auflaufform mit Butter fetten.

• Spinat mit Gabel ausdrücken, in Form geben. Schinken und Eiermasse darauf verteilen. 20 Min. im Ofen stocken lassen. Tomaten halbieren, Lauchzwiebel in Ringe schneiden. Restliche Zutaten für das Dressing mischen. Auflauf mit 2 EL Parmesan bestreut und Tomatensalat servieren.

Nährwerte:

300 kcal • 29 g E • 9 g KH • 20 g F • 4 g Ba
Energiedichte: 81 kcal/100 g

Wickelt Sie um den Finger

Hähnchen-Involtini

Pro Portion 300 kcal – 11 g KH

Für 2 Portionen

25 Min. + ca. 10 Min. Garzeit

2 Hähnchenbrustfilets à 150 g • 2 TL + 1 geh. EL Frischkäse • 2 TL Tomatenmark • Salz • Pfeffer • ital. Kräuter • 30 g magerer Schinken • 1 Zwiebel • 1 Knoblauchzehe • ½ Paprika • 1 Fenchelknolle • 2–3 getr. Tomaten • 1 EL Olivenöl • 1 TL Tomatenmark • 100 ml Wasser • 1 TL Gemüsebrühe

• Fleisch längs halbieren und flach klopfen. Mit jeweils 1 TL Frischkäse und 1 TL Tomatenmark bestreichen, mit Salz, Pfeffer und Kräutern würzen. Mit Schinken belegen und aufrollen, mit Zahnstochern feststecken. Zwiebel und Knoblauch hacken. Gemüse klein schneiden.

• Involtini von allen Seiten 4 Min. in Öl anbraten. Gemüse und Tomatenmark dazugeben, kurz anbraten. Mit Wasser ablöschen, mit Brühe würzen und bei reduzierter Hitze abgedeckt 7 Min. schmoren. Involtini in Alufolie einwickeln. Gemüsesud einkochen lassen, 1 geh. EL Frischkäse unterrühren. Mit Salz, Pfeffer und Kräutern abschmecken.

Nährwerte:

300 kcal • 44 g E • 11 g KH • 13 g F • 5 g Ba
Energiedichte: 75 kcal/100 g

Zartes Filet in cremiger Sauce

Rinderfilet mit würzigen Champignons

Pro Portion 300 kcal – 4 g KH

Für 2 Portionen

20 Min.

400 g Champignons • 2 rote Zwiebeln • 1 Knoblauchzehe • 2 Rinderfilets à 150 g • Salz • Pfeffer • 2 TL Olivenöl • 1 TL Butter • 1 TL Gemüsebrühe • 1 TL Senf • 1 geh. EL Kräuterfrischkäse • Schnittlauch • Petersilie

• Backofen auf 80 Grad vorheizen. Champignons putzen und vierteln. Zwiebeln und Knoblauch fein hacken.

• Zwei Stücke Alufolie bereitlegen. Fleisch von beiden Seiten pfeffern. Öl in einer Pfanne erhitzen. Fleisch von beiden Seiten 2 Min. anbraten, dann in Alufolie einwickeln und für 7 Min. in den Ofen legen.

• Butter in dieselbe Pfanne geben. Champignons, Zwiebeln und Knoblauch unter Wenden anbraten. Mit Brühe und Pfeffer würzen. Nach 5 Min. Senf und Frischkäse hinzufügen, salzen und pfeffern. Mit Schnittlauch und Petersilie bestreuen. Fleisch mit der Sauce anrichten.

Nährwerte:

300 kcal • 41 g E • 4 g KH • 16 g F • 4 g Ba

Energiedichte: 81 kcal/100 g

Ein herzhafter Genuss

Feldsalat mit zartem Rinderfilet

Pro Portion 300 kcal – 8 g KH

Für 2 Portionen

25 Min.

100 g Feldsalat • 400 g Champignons • 2 kleine rote Zwiebeln • 1 Knoblauchzehe • 2 TL + 1 EL Olivenöl • 250 g Rinderfilet • ½ TL Gemüsebrühe • grober Pfeffer • Petersilie • Salz • 8 Cocktailtomaten • 2 EL dunkler Balsamicoessig • 1 geh. TL Tomatenmark • 1 geh. TL Senf • 3 EL Milch • Salatkräuter

• Backofen auf 80 Grad vorheizen. Salat waschen und trocken schleudern. Champignons putzen und vierteln. Zwiebeln und Knoblauch schälen und hacken.
1 Stück Alufolie bereitlegen. Filet pfeffern, in 1 TL Öl beidseitig 2 Min. scharf anbraten. In Alufolie wickeln, im Ofen ruhen lassen. 1 TL Öl zum Bratfett in Pfanne geben, Zwiebeln anbraten. Champignons und Knoblauch 3 Min. anbraten. Vom Herd nehmen, mit Brühe und Pfeffer würzen, mit Petersilie bestreuen.

• Essig und weitere Dressingzutaten mischen, auf Salat geben. Champignons, halbierte Tomaten und in Streifen geschnittenes, gesalzenes Fleisch darauf verteilen.

Nährwerte:

300 kcal • 36 g E • 8 g KH • 17 g F • 5 g Ba

Energiedichte: 65 kcal/100 g

Würziger Lachs trifft auf zarten Spinat

Lachs-Spinat-Frittata

Pro Portion 300 kcal – 4 g KH

Für 2 Portionen

15 Min. + 12 Min. Garzeit

250 g TK-Spinat • 100 g Räucherlachs • 3 Eier • 2 geh. TL Kräuterfrischkäse • 1 TL Senf • Dill • Salz • Pfeffer • 1 geh. TL Butter • 4 Mini-Rispentomaten • 2 EL ger. Parmesan • Schnittlauch

- Spinat in Topf bei mittlerer Hitze auftauen lassen, gelegentlich umrühren. Dann in Sieb abtropfen lassen.

- Lachs klein schneiden. Eier mit Frischkäse, Senf und Dill gut verquirlen. Mit Pfeffer und wenig Salz würzen.

- Butter in großer Pfanne erhitzen, abgetropften Spinat kurz andünsten, dann Lachs darüber verteilen und Eimasse hineingießen. Hitze reduzieren, abgedeckt 10 Min. stocken lassen.

- Tomaten halbieren bzw. in Scheiben schneiden. Auf der Frittata verteilen, Parmesan darüberstreuen. Zugedeckt weitere ca. 2 Min. garen lassen. Mit Schnittlauch servieren.

Nährwerte:

300 kcal • 28 g E • 4 g KH • 22 g F • 3 g Ba
Energiedichte: 101 kcal/100 g

Spargel auf asiatische Art

Garnelen mit grünem Spargel

Pro Portion 300 kcal – 9 g KH

Für 2 Portionen

20 Min.

1 Knoblauchzehe • 2 Schalotten • 400 g Garnelen • 1 EL Zitronensaft • Chili • 1+1 EL Sojasauce • 3 EL Sesam • 400 g grüner Spargel • 1+1 TL Olivenöl • 1 TL Gemüsebrühe • 100 ml Wasser • Pfeffer • 1 TL Honig

- Knoblauch und Schalotten fein hacken. Mit Garnelen, Zitronensaft, Chili und 1 EL Sojasauce verrühren, ziehen lassen. Sesam ohne Fett goldbraun rösten. Spargel waschen, holzige Enden abschneiden, das untere Drittel schälen und Stangen schräg dritteln. Spargelspitzen zur Seite legen.

- 1 TL Öl in Pfanne erhitzen und Garnelen scharf anbraten, aus der Pfanne nehmen. 1 TL Öl zu dem Bratfett geben und Spargelstücke bis auf Spitzen kurz anbraten. Brühe ins Wasser geben, dazugießen und 5 Min. köcheln lassen. Spargelspitzen und Garnelen dazugeben. Mit 1 EL Sojasauce, Pfeffer und Honig würzen. Sesam dazugeben und alles gut vermengen.

Nährwerte:

300 kcal • 44 g E • 9 g KH • 13 g F • 4 g Ba
Energiedichte: 68 kcal/100 g

Garnelen mit grünem Spargel

Ein köstliches thailändisches Gericht

Scharfes Garnelen-Curry

Pro Portion 300 kcal – 14 g KH

Für 2 Portionen

20 Min. + 5 Min. Garzeit

1 dünne Stange Lauch • 1 Knoblauchzehe • ½ Paprika • 1 Zucchini • 1 Karotte • 4–5 Champignons • 2 TL Olivenöl • 200 g Garnelen • 2–3 TL rote Currypaste • 150 ml Kokosmilch • Pfeffer

- Lauch längs halbieren und in feine Scheiben schneiden. Knoblauch fein würfeln. Paprika würfeln, Zucchini längs halbieren und in dünne Scheiben schneiden. Karotte schälen, in Scheiben schneiden. Champignons putzen, je nach Größe halbieren oder vierteln.

- Öl in Pfanne erhitzen. Garnelen scharf anbraten. Lauch und Knoblauch dazugeben und glasig dünsten. Gemüse hinzufügen, Champignons zuletzt. Alles kurz anbraten. Currypaste hinzufügen, 1 Min. unter Wenden mitbraten. Kokosmilch zugießen, Hitze reduzieren, mit Pfeffer würzen. Bei schwacher Hitze ca. 5 Min. köcheln lassen, bis es etwas eindickt.

Nährwerte:

300 kcal • 26 g E • 14 g KH • 19 g F • 6 g Ba
Energiedichte: 58 kcal/100 g

Schnelles Feierabendgericht

Lachsfilet mit Honig-Senf-Gurkensalat

Pro Portion 300 kcal – 7 g KH

Für 2 Portionen

20 Min.

Für den Salat:

1 kleine Gurke • 3 EL Milch • 1 EL Wasser • 2 TL Senf • 1 TL Olivenöl • 1 TL Zitronensaft • 1 geh. TL Honig • Dill • Salz • Pfeffer

Für die Lachsfilets:

2 Lachsfilets à 125 g • 2 TL Zitronensaft • 1 geh. TL Olivenöl

- Gurke nach Belieben waschen und putzen oder schälen, halbieren und in Scheiben schneiden. Für das Dressing Milch und weitere Zutaten in ein Schraubglas geben, verschließen und gut schütteln. Dressing über den Gurkensalat geben und vermengen.

- Lachsfilets mit Zitrone säuern. Öl in einer Pfanne erhitzen. Lachs von beiden Seiten kurz scharf anbraten und salzen, pfeffern. Lachs mit dem Gurkensalat anrichten.

Variante: Probieren Sie den Salat statt mit Gurke mit Zucchini.

Nährwerte:

300 kcal • 26 g E • 6 g KH • 21g F • 1g Ba
Energiedichte: 109 kcal/100 g

Schnelle, wunderbar sättigende Suppe

Erbsensuppe mit Garnelen

Pro Portion 300 kcal – 16 g KH

Für 2 Portionen

15 Min. + 5 Min. Garzeit

2 Schalotten • 1 Knoblauchzehe • 1 TL Butter • 200 g TK-Erbsen • 200 ml Wasser • 2 TL Gemüsebrühe • 3 EL Kräuterfrischkäse • Salz • Pfeffer • 1 Prise Muskat • 1 geh. TL Olivenöl • 150 g Garnelen

- Schalotten und Knoblauch schälen, fein würfeln. Butter in einem Topf erhitzen, Schalotte und Knoblauch andünsten, Erbsen, Wasser und Gemüsebrühe zufügen, ca. 5 Min. garen.

- Frischkäse zufügen, im Mixer oder mit einem Stabmixer fein pürieren. Mit Salz, Pfeffer und Muskat würzen. Wieder zurück in den Topf geben und warm halten, ggf. noch etwas Wasser nachgießen.

- Öl in einer Pfanne erhitzen und Garnelen darin anbraten. Erbsensuppe mit den Garnelen darin servieren.

Nährwerte:

300 kcal • 25 g E • 16 g KH • 14 g F • 6 g Ba

Energiedichte: 90 kcal/100 g

Kohlenhydratarmer Spaghetti-Genuss

Zucchini-Spaghetti mit Thunfischsauce

Pro Portion 300 kcal – 13 g KH

Für 2 Portionen

20 Min.

1 Schalotte • 1 Knoblauchzehe • 4–5 Champignons • 1 Dose Thunfisch • 1 EL Olivenöl • 1 Tetra Pak gehackte Tomaten • Salz • Pfeffer • ital. Kräuter • Paprikapulver edelsüß + rosenscharf • 2 kleine Zucchini • 8 EL ger. Parmesan

- Schalotte und Knoblauch fein würfeln. Champignons putzen, halbieren und in Scheiben schneiden. Thunfisch abtropfen lassen.

- Öl in einer Pfanne erhitzen, Schalotte und Knoblauch andünsten. Thunfisch und Champignons dazugeben, mehrmals umrühren. Tomaten hinzufügen, kräftig würzen und bei geringer Hitze leicht köcheln lassen.

- Zucchini mit einem Spiralschneider in Spaghetti schneiden.

- Zucchinispaghetti in die Sauce geben und alles gut vermengen, Herd ausschalten und Spaghetti 2 Min. ziehen lassen. Mit Parmesan bestreut servieren.

Nährwerte:

300 kcal • 34 g E • 13 g KH • 14 g F • 5 g Ba

Energiedichte: 58 kcal/100 g

GEMÜSEMAHLZEITEN

Die Gemüserezepte sind besonders gut geeignet in Kombination mit dem HEPAFAST®-Shake. Aber natürlich können Sie die Rezepte auch nachkochen, wenn Sie Ihr Leberfasten nach Dr. Worm ohne den HEPAFAST®-Shake durchführen. Hierbei können Sie die Rezepte mit folgenden Eiweißlieferanten aufwerten, die Sie in 1 TL Öl oder Butter anbraten. Die Gerichte enthalten dann ebenso mindestens 25 g Eiweiß und maximal 16 g Kohlenhydrate bei insgesamt 500 kcal pro Mahlzeit:

- 150 g mageres Fleisch
- 200 g Hähnchenbrust
- 250 g magerer Fisch wie Kabeljau
- 150–200 g Garnelen oder 150–200 g Thunfisch (Dose, in eigenem Saft)
- 150 g magere Schinkenwürfel
- 3 Eier

« Knackiger gemischter Salat (Seite 112)

Ein Klassiker

Knackiger gemischter Salat

Pro Portion 200 kcal – 14 g KH

Für 1 Portion

15 Min.

1 Paprika • ½ Bund Radieschen • 150 g Cocktailtomaten • ¼ große Salatgurke • 1 Lauchzwiebel • 2 TL Olivenöl • 3 TL Kräuteressig • 2 EL Milch • 1 TL Senf • 1 TL Tomatenmark • Salatkräuter • Salz • Pfeffer

- Paprika und Radieschen waschen, putzen und in kleine Würfel schneiden. Tomaten waschen und halbieren. Gurke nach Belieben waschen oder schälen, längs halbieren und in Scheiben schneiden. Lauchzwiebel schälen und in feine Ringe schneiden.

- Öl und weitere Dressingzutaten in ein Schraubglas geben, verschließen und kräftig schütteln. Dressing über den Salat geben und gut vermengen.

Nährwerte:

200 kcal • 6 g E • 14 g KH • 12 g F • 8 g Ba
Energiedichte: 34 kcal/100 g

... denn das Auge isst mit

Karotten-Sellerie-Salat

Pro Portion 200 kcal – 16 g KH

Für 2 Portionen

15 Min.

1 Karotte • ¼ Sellerie (200 g geschält) • 1 Lauchzwiebel • 3 EL Joghurt • 1 EL Wasser • 1 TL Olivenöl • 1 geh. TL Senf • 1 EL Zitronensaft • Salatkräuter • Petersilie

- Karotte und Sellerie schälen und raspeln, in eine Schüssel geben. Lauchzwiebel schälen und in feine Ringe schneiden.

- Joghurt und weitere Dressingzutaten in einer Schüssel verrühren und über den Salat geben. Mit Petersilie bestreuen.

Nährwerte:

200 kcal • 7 g E • 16 g KH • 9 g F • 9 g Ba
Energiedichte: 45 kcal/100 g

Ein frischer Genuss

Feldsalat mit leichtem Joghurtdressing

Pro Portion 200 kcal – 16 g KH

Für 1 Portion

15 Min.

100 g Feldsalat • 1 kleine rote Zwiebel • 1 kleine Karotte • 100 g Cocktailtomaten • 100 g Joghurt • 1 TL Olivenöl • 1 EL Zitronensaft oder Kräuteressig • 1 geh. TL Senf • Salatkräuter • Salz • Pfeffer

- Feldsalat waschen, putzen und trocken schleudern.

- Zwiebel schälen und fein hacken. Karotte schälen und raspeln. Tomaten waschen und halbieren. Salat und Gemüse in eine Schüssel geben.

- Joghurt und weitere Dressingzutaten in ein Schraubglas geben, verschließen und kräftig schütteln. Dressing über den Salat geben und gut vermengen.

Nährwerte:

200 kcal • 8 g E • 16 g KH • 10 g F • 5 g Ba
Energiedichte: 46 kcal/100 g

So einfach und so köstlich

Würzige Champignonpfanne

Pro Portion 200 kcal – 7 g KH

Für 1 Portion

15 Min.

400 g Champignons • 1 Zwiebel • 1 Knoblauchzehe • 2 TL Olivenöl • 2 TL Gemüsebrühe • Pfeffer • Petersilie • Schnittlauch

- Champignons putzen, halbieren bzw. vierteln.

- Zwiebel und Knoblauch schälen, fein hacken.

- Öl in einer Pfanne erhitzen. Zwiebel andünsten, Champignons und Knoblauch dazugeben und unter Wenden andünsten.

- Mit Gemüsebrühe, Pfeffer und Kräutern abschmecken.

Nährwerte:

200 kcal • 16 g E • 7 g KH • 12 g F • 8 g Ba
Energiedichte: 43 kcal/100 g

Für jeden etwas dabei

Bunte Gemüsepfanne

Pro Portion 200 kcal – 12 g KH

Für 1 Portion

15 Min. + 10 Min. Garzeit

2 Lauchzwiebeln oder 1 rote Zwiebel • 1 Knoblauchzehe • 1 kleine Zucchini • 1 Paprika • 4–5 Champignons • 2 TL Olivenöl • Kräuter nach Belieben, wie Kräuter der Provence, Petersilie, Schnittlauch etc. • Paprikapulver rosenscharf oder Chili nach Belieben • Salz • Pfeffer

- Zwiebeln und Knoblauch schälen, fein würfeln. Zucchini und Paprika waschen und putzen. Zucchini längs halbieren und in feine Scheiben schneiden. Paprika würfeln. Champignons putzen und je nach Größe vierteln bzw. halbieren.

- Öl in einer Pfanne erhitzen, Zwiebel andünsten. Restliches Gemüse dazugeben und unter gelegentlichem Wenden ca. 10 Min. bei mittlerer Hitze anbraten. Kräuter und Gewürze dazugeben und abschmecken.

Nährwerte:

200 kcal • 9 g E • 12 g KH • 11 g F • 7 g Ba

Energiedichte: 39 kcal/100 g

Ihr neues Leibgericht – versprochen

Zucchini-Nudeln mit Tomatensauce

Pro Portion 200 kcal – 16 g KH

Für 1 Portion

15 Min.

1 Zucchini • 1 kleine Zwiebel • 1 Knoblauchzehe • 4–5 Champignons • 1 TL Olivenöl • ½ Dose/Tetra Pak passierte Tomaten • ca. 50 ml Wasser • ital. Kräuter • Chili • Salz • Pfeffer

- Zucchini mit einem Spiralschneider oder Sparschäler in Streifen schneiden.

- Zwiebel und Knoblauch schälen, fein hacken. Champignons putzen, halbieren, in feine Scheiben schneiden.

- Öl in einer Pfanne erhitzen. Zwiebel andünsten, Champignons und Knoblauch dazugeben und unter Wenden andünsten. Tomaten und Wasser dazugeben, aufkochen lassen und mit Kräutern und Gewürzen abschmecken.

- Zucchini-Nudeln dazugeben und alles gut vermengen.

Nährwerte:

200 kcal • 11 g E • 16 g KH • 7 g F • 7 g Ba

Energiedichte: 28 kcal/100 g

Zucchini-Nudeln mit Tomatensauce

Geht immer

Leichtes Karottensüppchen

Pro Portion 200 kcal – 16 g KH

Für 1 Portion

10 Min. + 10–12 Min. Garzeit

- 1 kleine Zwiebel
- 2 Karotten
- 1 geh. TL Butter
- 300 ml Wasser
- 1 TL Gemüsebrühe
- 2 geh. TL Kräuterfrischkäse
- Salz
- Pfeffer
- Kräuter nach Belieben wie Schnittlauch, Dill, Petersilie

● Zwiebel schälen, fein würfeln. Karotten schälen, putzen und in grobe Stücke schneiden.

● Butter in einem Topf erwärmen, Zwiebel andünsten. Karotten dazugeben und kurz unter Wenden andünsten.

● Wasser und Gemüsebrühe dazugeben, aufkochen und bei mittlerer Hitze ca 10–12 Min. garen.

● Suppe pürieren, Frischkäse unterrühren und mit Gewürzen abschmecken. Kräuter nach Belieben waschen, trocken schütteln, hacken und darüberstreuen.

Variante: Geben Sie mal ein kleines Stück Ingwer mit in die Suppe.

Nährwerte:
200 kcal • 5 g E • 16 g KH • 13 g F • 7 g Ba
Energiedichte: 35 kcal/100 g

Leicht-cremig

Feine Brokkolisuppe

Pro Portion 200 kcal – 15 g KH

Für 1 Portion

10 Min. + 10 Min. Garzeit

1 Zwiebel • 1 Knoblauchzehe • 1 Brokkoli • 1 TL Butter • 400 ml Wasser • 2 TL Gemüsebrühe • 1 geh. TL Kräuterfrischkäse • Salz • Pfeffer • Kräuter nach Belieben, wie Schnittlauch, Dill, Petersilie etc.

- Zwiebel und Knoblauch schälen, fein hacken. Brokkoli waschen, putzen und in Röschen teilen. Strunk schälen und würfeln.

- Butter in einem Topf erhitzen. Zwiebel andünsten, Knoblauch und Brokkoli dazugeben und unter Wenden 3 Min. andünsten. Wasser dazugießen, mit Gemüsebrühe würzen und ca. 10 Min. leicht köcheln lassen. Suppe pürieren, Frischkäse einrühren und mit Gewürzen und Kräutern abschmecken.

Nährwerte:

200 kcal • 16 g E • 15 g KH • 6 g F • 10 g Ba

Energiedichte: 20 kcal/100 g

Wenn mal gar keine Zeit ist

Schnelle Tomatencremesuppe

Pro Portion 200 kcal – 10 g KH

Für 1 Portion

5 Min. + 5 Min. Garzeit

1 Schalotte • 1 Knoblauchzehe • 1 TL Olivenöl • 1 Dose/Tetra Pak passierte Tomaten • 100 ml Wasser • 1 TL Gemüsebrühe • Kräuter nach Belieben (Kräuter der Provence, Oregano, Rosmarin etc.) • 2 geh. TL Kräuterfrischkäse • Pfeffer • Salz

- Schalotte und Knoblauch schälen, fein hacken. Olivenöl in einem Topf erhitzen und Schalotte und Knoblauch darin andünsten. Tomaten, Wasser, Gemüsebrühe und Kräuter dazugeben, Hitze reduzieren und 5 Min. leicht köcheln lassen.

- Frischkäse einrühren und nochmals mit Salz und Pfeffer abschmecken.

Nährwerte:

200 kcal • 6 g E • 10 g KH • 11 g F • 4 g Ba

Energiedichte: 31 kcal/100 g

Tipp Streuen Sie noch etwas frischen, in Streifen geschnittenen Basilikum darüber.

Schnelle Tomatencremesuppe

Wie geht es nach dem Programm weiter?

Die Leberkur kann schon in 4 Wochen viel bewirken. Warum also nicht dranbleiben und sich so nachhaltig etwas Gutes tun?

Beim Leberfasten erzielen Sie die wesentlichen Stoffwechselverbesserungen in den ersten Wochen. Danach ist Ihre Leber wahrscheinlich so weit entfettet, dass sie ihre Funktionen wieder adäquat erfüllt. Das erkennen Sie an einem optimierten Stoffwechsel sowie ggf. verbesserten Blutzucker- und Blutfettwerten und oft auch an dem niedrigeren Blutdruck.

Die leberfreundliche Dauerernährung

Ob Sie nach dem vierwöchigen Leberfasten noch weiter abspecken oder Ihr Gewicht »nur« halten wollen – in beiden Fällen gelten die gleichen Grundprinzipien. Damit die gesundheitsfördernden Effekte möglichst lange währen, dürfen Sie Ihre Leber nicht mehr aus den Augen verlieren. Pflegen Sie sie mit einer leberfreundlichen Ernährung und einem gesunden Lebensstil – sie wird es Ihnen mit einem optimierten Stoffwechsel danken! Achten Sie neben der Ernährung vor allem auf ausreichende anstrengende Muskelaktivität, erholsamen Schlaf, genügend Sonnenlicht für Ihre Vitamin-D-Produktion und Vermeidung von Stress oder effektive Stressbewältigung. Und Rauchen ist selbstverständlich tabu!

Wir hoffen, wir konnten Sie mit einigen neuen Lieblingsgerichten und auch vielen Tipps und Tricks versorgen!

Wenig Zucker und mehr Eiweiß und Fett

Das bedeutet, weniger Zucker – auch und vor allem Fruchtzucker – und weniger raffinierte Stärke aus Weißmehlprodukten wie Brot, Nudeln und Co. Statt der vielen Kohlenhydratkalorien sollten Sie weiterhin auf mehr hochwertiges Eiweiß setzen – egal ob tierischer oder pflanzlicher Art. So werden Sie gut satt und erhalten Ihre Muskulatur, Ihren Hauptverbrennungsmotor. Verfeinern Sie Ihre Speisen gerne mit einem guten Fett, allen voran natives Olivenöl, und genießen Sie Kaltwasser-Meeresfisch (Wildlachs, Makrele, Hering, Sardine) mit seinen guten langkettigen Omega-3-Fettsäuren.

Die mediterrane Low-Carb-Ernährung

Die mediterrane Ernährung ist nachweislich die gesündeste Kostform. Allerdings können sich Italiener, Griechen, Spanier und Südfranzosen und die anderen Anrainer des Mittelmeers ihre traditionell reichlich verzehrten Getreideprodukte heute nicht mehr »leisten« – bei dem bewegungsarmen Lebensstil machen sie auch dort die Menschen dick und krank.

Heute lebt auch in diesen Ländern die Mehrheit wie in allen anderen industrialisierten Ländern mit Übergewicht und Bewegungsmangel und wird dabei insulinresistent.

Die Lösung liegt auf der Hand

Ein Mangel an Muskelarbeit fordert eine Reduzierung der Kohlenhydrate. So wird aus den früheren Sättigungsgrundlagen wie Brot und Backwaren, Reis und Kartoffeln ganz einfach eine »Luxusbeilage«. Die Basis der modernen mediterranen Ernährung sollte aus Gemüse, Pilzen, Beeren und moderaten Mengen an Früchten, Fisch, Fleisch, Milchprodukten, Ölen, Nüssen und Hülsenfrüchten bestehen. Eine solche moderne mediterrane Kost kombiniert alle gesundheitsförderlichen Kriterien der mediterranen Ernährung mit den notwendigen Konsequenzen aus dem heutigen bewegungsarmen Lebensstil. Dabei schafft dies auch die besten Voraussetzungen für eine effektive Gewichtskontrolle mit den bekannten gesundheitlichen Vorteilen der mediterranen Ernährung – und das auf eine ausgesprochen köstliche Art und Weise wie Sie anhand der leckeren Gerichte in diesem Buch bereits erfahren durften.

Die sechs goldenen Regeln für eine fitte Leber:

1. Gemüse zum Sattessen: Die Hälfte Ihres Tellers sollten stets Gemüse, Salat oder Pilze ausmachen.
2. Obst in Maßen: Genießen Sie es gerne zum Frühstück oder als leckeren Nachtisch. Bevorzugen Sie dabei zuckerarme Obstsorten wie Beeren, Äpfel, Wassermelone oder Zitrusfrüchte.
3. Genügend hochwertiges Eiweiß: Eine gute Eiweißquelle wie Milchprodukte, Eier, Fisch, Fleisch oder Hülsenfrüchte gehört zu jeder Mahlzeit.
4. Wasserreiche und naturbelassene Lebensmittel bevorzugen: Greifen Sie stets zu möglichst unverarbeiteten Lebensmitteln – wenn möglich regional.
5. Ausreichend »gutes« Fett: Setzen Sie auf Olivenöl, aber auch Butter und genießen Sie fetten Kaltwasserfisch.
6. Kohlenhydrate »bedarfsgerecht«: Behalten Sie die Kohlenhydrate im Blick und verdienen Sie sich Extra-Kohlenhydrate über Sport.

Dranbleiben lohnt sich

Bei den meisten werden die Leber und die Bauchspeicheldrüse wieder soweit entfettet sein, dass diese Organe wieder weitgehend oder gänzlich funktionsfähig sind und damit auch der Stoffwechsel wieder »rund« läuft. Insbesondere, wenn Sie mit einem hohen Körperfettanteil gestartet sind, können bei Ihnen noch Fettzellen entzündet und krank und auch die insulinresistenten Muskeln noch nicht hinreichend kuriert sein. Damit wir diese zugrunde liegenden Ursachen des Übels auch noch beseitigen können, sollten Sie versuchen, auch diese Gewebe weiter zu entfetten.

Konkret bedeutet das, dass Sie noch etwas länger mit einer negativen Energiebilanz leben sollten, also weiterhin weniger Kalorien mit der Nahrung zuführen, als Ihr Körper täglich verbraucht. Wie das ganz köstlich und alltagstauglich gelingt, haben Sie ja bereits mit diesem Buch gelernt – also bleiben Sie einfach dran!

Machen Sie die Waage zu Ihrem Verbündeten

Die wichtigste Maßnahme ist, nicht wieder zuzunehmen – denn das birgt das große Risiko, wieder Fett in die Leber einzulagern. Wichtig hierbei: Einmal pro Woche auf die Waage steigen kann enttäuschender sein als sich jeden Tag zu wiegen. Wieso? Wenn Sie vor Ihrem wöchentlichen Wiegetag mehr Salz oder Zucker aufgenommen haben, kann sich mehr Wasser in Ihrem Körper einlagern. 1 g Glykogen (Speicherform des Zuckers) bindet etwa 3 g Wasser in Ihrem Körper. So kann es zu Gewichtsschwankungen kommen. Da Salz im Körper Wasser bindet, sorgt ein erhöhter Salzkonsum ebenso für einen kurzzeitigen Gewichtsanstieg. So droht oft Frust, wenngleich Körperfett- und Muskelmasse unverändert sind oder sich sogar positiv verändert haben.

Kohlenhydrate langsam steigern

Wir empfehlen Ihnen, die Kohlenhydratmenge nur langsam wieder anzuheben. Ideal sind zunächst maximal 100 g Kohlenhydrate pro Tag. Somit können Sie einmal 50 g oder zweimal 25 g Kohlenhydrate pro Tag zu den Rezepten aus diesem Buch ergänzend genießen.

25 g Kohlenhydrate entsprechen

Haferflocken	40 g
(Vollkorn-)Nudeln, ungekocht	40 g
Reis, ungekocht	30 g
Süßkartoffel, geschält	100 g
Vollkornbrot	65 g
(Salz-/Pell-)Kartoffeln	170 g
Kidneybohnen	170 g
Weißbrot/-brötchen	50 g

Verdienen Sie sich Extra-Kohlenhydrate

Wer körperlich aktiv ist, darf sich auch mit mehr Kohlenhydraten in Form von Nudeln, Reis, Brot und Co. belohnen. Als Faustregel kann davon ausgegangen werden, dass bei Freizeitsportlern mit einer Stunde Sport 50 g Glykogen in den Muskeln verbrannt werden, bei weniger Trainierten sind es ca. 30 g.

Diese Kohlenhydratmenge können Sie am Trainingstag als verdiente Extra-Kohlenhydrate genießen und Ihre Low-Carb-Mahlzeit damit »aufpeppen«:

Auffrischungen sind wichtig

Niemand wird auf Dauer alles 1 000-prozentig richtig machen können und das erwartet auch niemand von Ihnen – also setzen Sie sich selbst auch nicht zu sehr unter Druck! Wir empfehlen Ihnen, lieber regelmäßige Auffrischungen einzuplanen: Ideal ist ein Fastentag pro Woche, an dem Sie drei Gerichte mit insgesamt maximal 1 100 oder noch besser 900 kcal verzehren – wählen Sie dafür einfach Ihre Lieblingsrezepte aus diesem Buch. In der Praxis hat sich vor allem der Montag als präferierter Tag herauskristallisiert – einfach ideal, um nach dem Wochenende wieder in eine leberfreundliche Woche zu starten.

Tipp

Notieren Sie sich jeden Tag Ihr Gewicht und bilden Sie nach 7 Tagen einen Wochendurchschnitt. So erhalten Sie einen besseren Überblick über Ihren Gewichtsverlauf und können schneller eingreifen, wenn die Entwicklung anders als geplant verläuft.

Bonus-Kohlenhydrate

	30 g Kohlenhydrate entsprechen	50 g Kohlenhydrate entsprechen
Haferflocken	50 g	85 g
(Vollkorn-)Nudeln, ungekocht	45 g	75 g
Reis, ungekocht	40 g	65 g
Süßkartoffeln	125 g	210 g
Vollkornbrot	80 g	130 g
(Salz-/Pell-)Kartoffeln	200 g	340 g
Kidneybohnen	200 g	340 g
Weißbrot/-brötchen	60 g	100 g

Für Kochfaule: Eiweißshakes einsetzen

Der Einsatz von hochwertigen Eiweißshakes wie insbesondere HEPAFAST® (Seite 52) ist beim Leberfasten zwar in erster Linie in der Anfangsphase empfehlenswert. Doch können diese auch dauerhaft nach individuellem Bedarf immer wieder flexibel eingesetzt werden und mit unseren Empfehlungen für eine vitamin-, nährstoff- und ballaststoffreiche moderne mediterrane Ernährung mit natürlichen Nahrungsmitteln kombiniert werden. Besonders günstig ist ein mit Molkeneiweiß, löslichen Ballaststoffen und leberaktiven Nährstoffen angereichertes Produkt – und in diesem Sinne ist HEPAFAST® bislang einmalig auf der Welt.

Alkoholgenuss in Maßen, nicht in Massen

Ein geringer bis moderater Alkoholgenuss, vor allem in Form von trockenem Wein, ist unbedenklich oder sogar gesundheitsförderlich und kann sich vielleicht sogar positiv auf die Leber auswirken. Jedoch sollten Sie unbedingt die Menge beachten, zur Orientierung gelten 0,2 l Wein für Frauen und 0,3 l Wein für Männer pro Tag als empfehlenswerte Obergrenze. Unterschätzen Sie aber bitte nicht die appetitanregende Wirkung des Alkohols sowie die zusätzlich aufgenommenen Kalorien.

Last but not least: Tanken Sie regelmäßig Sonne

Pflanzen gehen ohne Sonne ein – wir Menschen auch! Wenn wir uns der Sonne entziehen, fehlt uns Vitamin D, das Tausend unterschiedliche Gene in unserem Körper aktiviert. Vitamin D ist nicht nur für gesunde Knochen und unser Immunsystem essenziell, sondern auch für unsere Leber: Es aktiviert spezifische Gene in den Muskel- und Fettzellen und sensibilisiert sie für das Insulinsignal. Überdies wirkt es entzündungshemmend.

Je nach Jahreszeit weisen 60 bis 90 Prozent der Deutschen einen Vitamin-D-Mangel auf. Gut versorgt ist, wessen Vitamin-D-Spiegel im Blut bei 30 bis 40 ng/ml liegt. Im Sommer sollen Sie hierfür je nach Hauttyp täglich 10 bis 20 Minuten und Dunkelhäutige sogar 30 Minuten ohne Sonnenschutz und möglichst wenig bekleidet in die Sonne gehen. Aber Vorsicht: Viel hilft nicht viel, sondern schadet – vermeiden Sie unbedingt einen Sonnenbrand! Im Vitamin-D-Winter von Oktober bis April steht die Sonne zu niedrig, um unsere Vitamin-D-Produktion anzuregen. Dann ist es ratsam, auf ein Nahrungsergänzungsmittel zurückzugreifen, denn die Mengen in Fleisch, Milch, Käse und Eiern sind so gering, dass wir täglich unmenschlich große Portionen davon vertilgen müssten, um ausreichend mit Vitamin D versorgt zu sein.

Stichwortverzeichnis

Liebe Leserin, lieber Leser,

hat Ihnen dieses Buch weitergeholfen? Für Anregungen, Kritik, aber auch für Lob sind wir offen. So können wir in Zukunft noch besser auf Ihre Wünsche eingehen. Schreiben Sie uns, denn Ihre Meinung zählt!

Ihr TRIAS Verlag

E-Mail Leserservice
kundenservice@trias-verlag.de

Lektorat TRIAS Verlag
Postfach 30 05 04
70445 Stuttgart
Fax: 0711 89 31-748

Rezeptverzeichnis